本书得到江苏师范大学哲学社会科学优秀学术著作出版基金资助

教育部人文社会科学研究项目（11YJC880071）研究成果

江苏师范大学哲学社会科学文库

高等教育与人才集聚两种投入对区域经济增长的共轭驱动研究

——以江苏、浙江两省为例

刘 林 著

中国社会科学出版社

图书在版编目（CIP）数据

高等教育与人才集聚两种投入对区域经济增长的共轭驱动研究：以江苏、浙江两省为例/刘林著．—北京：中国社会科学出版社，2016.3

（江苏师范大学哲学社会科学文库）

ISBN 978-7-5161-8523-0

Ⅰ.①高… Ⅱ.①刘… Ⅲ.①高等教育—关系—区域经济—经济增长—研究—中国 ②人才资源开发—关系—区域经济—经济增长—研究—中国 Ⅳ.①F127

中国版本图书馆 CIP 数据核字(2016)第 156682 号

出 版 人	赵剑英
责任编辑	卢小生
责任校对	周晓东
责任印制	王　超
出　　版	中国社会科学出版社
社　　址	北京鼓楼西大街甲 158 号
邮　　编	100720
网　　址	http://www.csspw.cn
发 行 部	010-84083685
门 市 部	010-84029450
经　　销	新华书店及其他书店
印刷装订	北京君升印刷有限公司
版　　次	2016 年 3 月第 1 版
印　　次	2016 年 3 月第 1 次印刷
开　　本	710×1000　1/16
印　　张	14
插　　页	2
字　　数	195 千字
定　　价	50.00 元

在创新语境中努力引领先锋学术
（总序）

任　平*

2013年江苏师范大学文库即将问世，校社科处的同志建议以原序为基础略做修改，我欣然同意。文库虽三年，但她作为江苏师大学术的创新之声，已名播于世。任何真正的创新学术都是时代精神的精华、文明的活的灵魂。大学是传承文明、创新思想、引领社会的文化先锋，江苏师大更肩负着培育大批"学高身正"的师德精英的重责，因此，植根于逾两千年悠久历史的两汉文化沃土，在全球化思想撞击、文明对话的语境中，与科学发展的创新时代同行，我们的人文学科应当是高端的，我们的学者应当是优秀的，我们的学术视阈应当是先锋的，我们的研究成果应当是创新的。作为这一切综合结果的文化表达，本书库每年择精品力作数种而成集出版，更应当具有独特的学术风格和高雅的学术品位，有用理论穿透时代、思想表达人生的大境界和大情怀。

我真诚地希望本书库能够成为江苏师大底蕴深厚、学养深沉的人文传统的学术象征。江苏师大是苏北大地上第一所本科大学，文理兼容，犹文见长。学校1956年创始于江苏无锡，1958年迁址徐州，1959年招收本科生，为苏北大地最高学府。60年代初，全国高校布局调整，敬爱的周恩来总理指示："徐州地区地域辽阔，要有大学。"学校不仅因此得以保留，而且以此为强大的精神动力得到迅速发展。在50多年办学历史上，学校人才辈出，群星灿烂，先后涌现出著名的汉语言学家廖序东教授，著名诗

* 任平，江苏师范大学校长。

人、中国现代文学研究专家吴奔星教授，戏剧家、中国古代文学史家王进珊教授，中国古代文学研究专家吴汝煜教授，教育家刘百川教授，心理学家张焕庭教授，历史学家臧云浦教授等一批国内外知名人文学者。50多年来，全校师生秉承先辈们创立的“崇德厚学、励志敏行”的校训，发扬“厚重笃实，艰苦创业”的校园精神，经过不懈努力，江苏师大成为省重点建设的高水平大学。2012年，经过教育部批准，学校更名并开启了江苏师范大学的新征程。作为全国首批硕士学位授予单位、全国首批有资格接收外国留学生的高校，目前有87个本科专业，覆盖十大学科门类。有26个一级学科硕士点和150多个二级学科硕士点，并具有教育、体育、对外汉语、翻译等5个专业学位授予权和以同等学力申请硕士学位授予权，以优异建设水平通过江苏省博士学位立项建设单位验收。学校拥有一期4个省优势学科和9个重点学科。语言研究所、淮海发展研究院、汉文化研究院等成为省人文社会科学重点研究基地；以文化创意为特色的省级大学科技园通过省级验收并积极申报国家大学科技园；包括国家社科基金重大、重点项目在内的一批国家级项目数量大幅度增长，获得教育部和江苏省哲学社会科学优秀成果一等奖多项。拥有院士、长江学者、千人计划、杰出青年基金获得者等一批高端人才。现有在校研究生近3000人，普通全日制本科生26000余人。学校与美国、英国、日本、韩国、澳大利亚、俄罗斯、白俄罗斯、乌兹别克斯坦等国的20余所高校建立了校际友好合作关系，以举办国际课程实验班和互认学分等方式开展中外合作办学，接收17个国家和地区的留学生来校学习。学校在美国、澳大利亚建立了两个孔子学院。半个世纪以来，学校已向社会输送了十万余名毕业生，一大批做出突出成就的江苏师范大学校友活跃在政治、经济、文化、科技、教育等各个领域。今日江苏师大呈现人文学科、社会学科交相辉映，基础研究、文化产业双向繁荣的良好格局。扎根于这一文化沃土，本着推出理论精品、塑造学术品牌的精神，文库将在多层次、多向度上集中表现和反映学校的人文精神与学术成就，展示师大学者风采。本书库的宗旨之一：既是我校学者研究成果自然表达的平台，更是读者理解我校学科和学术状况的一个重要窗口。

努力与时代同行、穿透时代问题、表征时代情感、成为时代精神的精华，是本书库选编的基本努力方向。大学不仅需要文化传承，更需要创新学术，用心灵感悟现实，用思想击中时代。任何思想都应当成为时代的思想，任何学术都应当寻找自己时代的出场语境。我们的时代是全球资本、科技、经济和文化激烈竞争的时代，是我国大力实施科学发展、创新发展、走向中国新现代化的时代，更是中华民族走向伟大复兴、推动更加公正、生态和安全的全球秩序建立和完善的时代。从以工业资本为主导走向以知识资本为主导，新旧全球化时代历史图景的大转换需要我们去深度描述和理论反思；在全球化背景下，中国遭遇时空倒错，前现代、现代和后现代共时出场，因而中国现代性命运既不同于欧美和本土“五四”时期的经典现代性，也不同于后现代，甚至不同于吉登斯、贝克和哈贝马斯所说的西方（反思）的新现代性，而是中国新现代性。在这一阶段，中国模式的新阶段新特征就不同于“华盛顿共识”、“欧洲共识”甚至“圣地亚哥共识”，而是以科学发展、创新发展、生态发展、和谐发展、和平发展为主要特征的新发展道路。深度阐释这一道路、这一模式的世界意义，需要整个世界学界共同努力，当然，需要本土大学的学者的加倍努力。中国正站在历史的大转折点上，向前追溯，五千年中国史、百余年近现代史、六十余年共和国史和三十余年改革开放史的无数经验教训需要再总结、再反思；深析社会，多元利益、差异社会、种种矛盾需要我们去科学把握；未来展望，有众多前景和蓝图需要我们有选择地绘就。历史、当代、未来将多维地展开我们的研究思绪、批判地反思各种问题，建设性地提出若干创新理论和方案，文库无疑应当成为当代人的文化智库、未来人的精神家园。

我也希望：文库在全球文明对话、思想撞击的开放语境中努力成为创新学术的平台。开放的中国不仅让物象的世界走进中国、物象的中国走向世界，而且也以“海纳百川、有容乃大”的宽阔胸襟让文化的世界走进中国，让中国精神走向世界。今天，在新全球化时代，在新科技革命和知识经济强力推动下，全球核心竞争领域已经逐步从物质生产力的角逐渐次转向文化力的比拼。民族的文化精神与核心价值从竞争的边缘走向中心。发现、培育和完善一个民族、一个国家、一个地区的优秀的思想观念、文化精神和价值体系，成为各个民族、国家和地区自立、自强、自为于世界民族之林的重要路径和精神保障。文化力是一种软实力，更是一种持久影响世界的力量或权力（power）。本书库弘扬的中国汉代精神与文化，就是培育、弘扬这种有深厚民族文化底蕴、对世界有巨大穿透力和影响力的本土文化。

新全球化具有“全球结构的本土化”（glaocalization）效应。就全球来看，发展模式、道路始终与一种精神文化内在关联。昨天的发展模式必然在今天展现出它的文化价值维度，而今天的文化价值体系必然成为明天的发展模式。因此，发展模式的博弈和比拼，说到底就必然包含着价值取向的对话和思想的撞击。20世纪90年代以来，世界上出现了三种发展模式，分别发生在拉美国家、俄罗斯与中国，具体的道路均不相同，结果也大不一样。以新自由主义为理论基础的“华盛顿共识”是新自由主义价值观支撑下的发展模式，它给拉美和俄罗斯的改革带来了严重后果，替代性发展价值观层出不穷。2008年爆发的全球金融危机更证明了这一模式的破产。1998年4月，在智利首都圣地亚哥举行的美洲国家首脑会议，明确提出了以“圣地亚哥共识”替代“华盛顿共识”的主张。但是，“拉美社会主义”至今依然还没有把南美洲从“拉美陷阱”中完全拔出。从欧洲社会民主主义价值理论出发的“欧洲价值观”，在强调经济增长的同时，倡导人权、环保、社会保障和公平分配；但是，这一价值并没有成为抵御全球金融危机的有效防火墙。改革开放以来，中国是世界上经济增长最快的国家。因此，约瑟夫·斯蒂格利茨指出，中国经济发展形成“中国模式”，堪称很好的经济学教材。[①] 美国高盛公司高级顾问、清华大学兼职教授乔舒亚·库珀·拉莫（Joshua Cooper Ramo）在2004年5月发表的论文中，把中国改革开放的经验概括为“北京共识”。通过这种发展模式，人们看到了中国崛起的力量源泉[②]。不管后金融危机时代作为“G2”之一的中国如何，人们不可否认“中国经验”实质上就是中国作为一个发展中国家在新全球化背景下实现现代化的一种战略选择，它必然包含着中华民族自主的社会主义核心价值——和合发展的共同体主义。而它的文化脉络和源泉，就是“中国精神”这一理想境界和精神价值，与努力创造自己风范的汉文化精神有着不解之缘。文库陆续推出的相关著作，将在认真挖掘中华民族文化精神、与世界各种文化对话中努力秉持一种影响全球的文化力，为中国文化走向世界增添一个窗口。

文库也是扶持青年学者成长的阶梯。出版专著是一个青年人文学者学术思想出场的主要方式之一，也是他学问人生的主要符码。学者与著作，

---

① 《香港商报》2003年9月18日。

② 《参考消息》2004年6月10日。

不仅是作者与作品、思想与文本的关系，而且是有机互动、相互造就的关系。学者不是天生的，都有一个学术思想成长的过程。而在成长过程中，都得到过来自许许多多资助出版作品机构的支持、鼓励、帮助甚至提携和推崇，“一举成名天下知”。大学培育自己的青年理论团队，打造学术创新平台，需要有这样一种文库。从我的学术人生经历可以体会：每个青年深铭于心、没齿难忘的，肯定是当年那些敢于提携后学、热荐新人，出版作为一个稚嫩学子无名小辈处女作的著作的出版社和文库；慧眼识才，资助出版奠定青年学者一生学术路向的成名作，以及具有前沿学术眼光、发表能够影响甚至引领学界学术发展的创新之作。我相信，文库应当热情地帮助那些读书种子破土发芽，细心地呵护他们茁壮成长，极力地推崇他们长成参天大树。文库不断发力助威，在他们的学问人生中，成为学术成长的人梯，学人贴心的圣坛，学者心中的精神家园。

是为序。

2011 年 2 月 28 日原序

2013 年 11 月 5 日修改

共轭：教育经济学研究的新探索

（序）

刘林的博士学位论文《高等教育与人才集聚两种投入对区域经济增长的共轭驱动研究——以江苏、浙江两省为例》即将出版，嘱我写序，我应允之。其中原因并非我是他博士阶段学习的导师，而是我对刘林的研究领域仍然抱着十分浓厚的兴趣，我把这篇序视为与刘林再次进行的学术对话。

在对刘林这部著作进行解读之前，有必要再现一下我与他的学术交往史。学术交往史的再现并非“无意义”，它是我们两人成为“学术伙伴”的基石，也是刘林这部著作得以完成乃至面世的前提。

因同城之缘，我与刘林认识较早，尽管年龄上不是处于同一年代，但刘林的学术悟性和学术追求使我对他印象颇佳，最终我们如愿成为“师徒”。

刘林自20年前进入徐州师范大学（今江苏师范大学）学习以来，一直不停地进行学习，给自己“充电”。其间，先后获得徐州师范大学理学学士学位、苏州大学管理学硕士学位、中国矿业大学管理学博士学位。持续的学习，不仅使刘林具备比较扎实的数学、管理学等学科知识功底，而且提升了他的学术素养和研究能力。特别是读博期间，“恶补”了人文社会科学领域相关的知识，一定程度上弥补了他学术研究“价值理性”的“短板”，使学术研究中的“工具理性”与“价值理性”渐趋“共轭”。

刘林在大学里属于管理人员，日常管理事务繁杂，但他挤时间读书，并围绕自己确定的研究领域艰辛探索，取得了比较丰厚的学术研究成果，发表了多篇高质量的学术研究论文，主持了多项部省级研究课题。在大学越来越社会化、行政化的当下，能取得这样的学术成就实属不易。

下面说说刘林博士论文研究方向的缘起。

2009 年，我主持的教育部人文社会科学研究基金项目“制度学视域下当代中国大学学术权力和行政权力的共轭机理研究”获批；2011 年，我主持的江苏省教育科学“十二五”规划重点课题“中国大学学术权力与行政权力共轭机理研究”获批。当时，中国的高等教育正处在社会舆论的风口浪尖上，社会对大学关注的焦点已经由“双轨制”、人才培养质量转移到大学行政化上。我的研究课题切合了当时学术界的热点。围绕这一方向，我组织了多次学术沙龙，在《中国高等教育》（2010 年第 10 期）等刊物上发表了《大学“被行政化”与“去行政化”》、《基础理论与管理实践的融合——论大学学术组织研究中要正确处理的若干关系》、《大学治理中学术权力和行政权力关系研究的再研究——基于共轭的视角》等文章。在我的指导下，我的博士生郭莉也以《当代中国大学学术权力与行政权力的共轭机理研究》作为博士学位论文的选题。

刘林在苏州大学攻读硕士学位时，学的是教育经济学，曾经运用数学模型研究高等教育对区域经济增长的贡献问题，发表过一些研究论文，并主持过江苏省教育科学“十一五”规划青年课题“长三角两省一市高等教育对经济增长率贡献的比较研究”。他数学功底很扎实，加上在苏州大学进行的教育经济学研究的训练，在读博士后，很快捕捉到了“共轭”在教育经济、教育管理研究领域中的学术价值。也就在读博的当年，他就申报并获批了教育部人文社会科学研究青年项目“高等教育与人才集聚两种投入对区域经济增长的共轭驱动研究——以江苏、浙江两省为例”，并决定以此为自己的博士学位论文的研究方向。此后，他一直在“共轭”的领域孜孜求索，研究成果不断。其研究成果《高等教育和人才集聚投入对区域经济增长的共轭驱动研究——以江苏、浙江两省为例》（发表在《经济地理》2013 年第 11 期），获得 2013 年度江苏省“社会科学应用精品工程奖”优秀成果一等奖。现在，他又将研究的目光转向资源共轭配置上，主持了2015年江苏省哲学社会科学基金项目“新常态下高等教育资源的共轭配置研究”。可以说，刘林的博士学位论文是有着扎实的研究基础和系统的思考的。

谈到博士学位论文的确定，刘林自己这样说：“着迷于丁三青老师博士沙龙热议的‘共轭’思想，结合本人的学习和研究兴趣，2011年申报并获批教育部项目1项。经过导师组同意，最终确立了‘高等教育与人才集聚两种投入对区域经济增长的共轭驱动研究——以江苏、浙江两省为例’这一博士论文选题。”

客观地说，这一研究方向不仅新颖，而且难度大，要驾驭它并非易事。刘林尽管很有韧劲，但刚开始时，还没有入门，特别是偏执于工具的使用，忽视了理论的研修。他在我的学术沙龙上曾经专门进行了两次主讲，暴露出了他学术研究中的“软肋”。

2011年9月17日，在第29期沙龙上，刘林作了题为《高等教育对江浙两省经济增长率贡献的比较研究》的报告。大家对刘林的报告进行了十分热烈的研讨。我也发表了自己的看法。我首先肯定了刘林用数学的工具来研究社会科学领域的问题。但同时我也指出，数学工具解释不了也解决不了一切社会问题，数学作为一种思维工具、研究工具，它有精确化的地方，但是，这种精确化也往往有它的局限性。具体到刘林报告的这篇论文，我承认它有很好的研究基础，有对数据进行分析的依据。但存在不少值得进一步讨论的地方。宏观上说，第一，问题意识和研究的方法。我认为，方法论对于学术研究非常重要。尤其是人文社会科学，借用其他学科的方法来进行研究很重要。我们国家这方面的研究还是比较欠缺的，文理之间的隔膜比较大。用数学方法来研究人文社会科学可以避免一些弊端，如先入为主、大而化之等，文理结合可以做到定性研究和定量研究的结合。但是，研究者对研究工具本身的价值判断同样很重要。学术研究绝不能做两件事：一是“为观点而观点”。比如说历史学研究中的“史从论出”，先有个论点，然后去找各种史料去论证这个观点，这实际上是唯心主义的研究，是伪科学的。这是中国人文社会科学研究的通病。二是“为工具而工具”。比较典型的有两个：一个是数学；另一个是心理学。当然，不同学科有不同学科的特点。但是，只要我们进行学科交叉研究，要用数学工具进行人文社会学科的研究，就不能出现上面这两个误区，工具就是工具，只是手段不是目的。

第二，就高等教育对江浙两省经济增长率贡献的比较研究这篇文章本身来说，我觉得，如果进行高等教育与经济增长的双向互动研究，可能会比较好，也可以避免工具主义的毛病。高等教育本身是一个复杂的体系，经济增长则是更复杂的体系，二者的互动就尤为复杂。这就需要扎实的理论功底才能驾驭。

第三，这篇文章首先应该有个理论假设，数学工具是为了验证这个理论假设的。然后按照这个工具把涉及的影响高等教育与经济增长双向互动的相关因子找出来，把权重影响比较大的找出来，权重比较小的排除掉。至于影响因子问题，高等教育和地方经济发展的互动的影响因子有很多，但文章中涉及的主要是人力资源。比如，一个区域高等教育投入有多少、高等教育培养的人才直接服务于本地的有多少？教育投入之后，其未来的产出会有多少？再一个就是人口的流动，比如，一个人在江苏受到的高等教育，但是毕业后不一定服务于江苏。这里面有人才政策的问题，还有一个重要的因素，就是产业形态问题。另外，还有政府管理体制问题。比如，徐州和临沂相比，人们经常讲，“徐州的管理，临沂的市场”，为什么？由于徐州管理体制问题，市场发育就不如临沂。徐州人均科技人才在江苏排第二，但是，徐州的整体经济发展程度在江苏只能排中等。所有这些，都可能带来教育对经济增长的效果的差异。所以，研究经济发展问题，不能仅仅引用数学公式。否则，就陷入工具理性的窠臼，必须要做到工具理性与价值理性的共轭。

2012 年 10 月 5 日，在第 42 期学术沙龙上，刘林作了题为《区域高等教育投入与人才集聚投入对经济增长的共轭驱动研究——基于江苏、浙江两省数据的实证分析》的报告。这个报告是他研究的深化。报告引起大家更热烈的讨论。综合大家的讨论，我认为，刘林的研究仍然没有克服工具理性问题。区域高等教育投入和人才集聚的投入，这两种投入对经济增长的关系，有多种理解。这篇文章数理逻辑很严谨，但缺乏理论依据。所阐述的理论只限于简单的理解。比如，人才集聚投入，不仅仅是高等教育培养多少人，还包括人才的引进。具体到实证方面，比如徐州市，人均高等教育的百分比，还是比较高的，大学很多，江苏很多城市没法和徐州比，但是，徐州的经济发展仍然属于欠发达地区，很说明问题。徐州的高等教育机构很多，培养的大学生很多，但是，人才集聚是很弱的，这与徐州的经济发达程度、现行政策环境、历史文化背景等诸多因素是密切相关的，数学模型是说明不了这些问题的。因此，必须要先有理论研究，再用模型论证。高等教育投入与经济增长肯定相关，如何说明直接相关的因子、间接相关的因子，权重多大，太复杂了，不是用简单的数学模型就能说明白的。

另外，文章涉及三个关键因素：高等教育投入、人才集聚投入和经济增长，这三者之间相互都有共轭关系，并且三个因素中两两之间又是共轭，这里面发生的共轭就多了。高等教育投入是否也应该包括人才集聚投入？应该包括。当然，人才集聚投入与高等教育投入又有区别，二者对经济增长的效益也有区别，不能简单类比。

这里，还有很多因素需要考虑。比如，人才引进或人才集聚对经济的贡献率问题。对于人才，还要看集聚的是什么人才。比如，工程类、经济类等与经济增长直接相关的人才的引进，对地方经济增长的直接影响可能会很大，贡献率也会很快就能显现出来。但有些领域的人才，比如人文学科的人才集聚，可能不会很快就对当地经济增长产生影响，但未来影响会很大。像苏州大学的医学，集聚很多人才，对苏州的医药产业可能不会很快产生影响，但10年后对苏州的医学及其相关产业的发展肯定有很大的影响。这些，都不是简单的数学公式能够表达出来的。

经过不断的研讨、砥砺，刘林渐入佳境。正如他本人所言："由于本人理科思维重，人文功底薄，丁三青老师严格要求我尽最大努力地扩大阅读量，改变研究的工具理性主导倾向为价值理性与工具理性的'共轭'。刚开始对老师的教导还有着不解与不服，但随着阅读量的不断增加，越来越发现自己学术研究上的缺陷与不足。论文创作过程中，大量的苦读在短期内虽很难让我驾驭选题，但思路确实越来越清晰了。”

该谈一下对刘林这部著作的看法了。

这部著作是刘林对博士学位论文修改完善而成的。作为刘林的导师、“学术伙伴”，他的学位论文我多次研读。现在，再读他的书稿，又有了一些新的认识。总体认为，这是一部对教育经济学领域进行新探索的著作，甚至可以说是创新性研究的成果。

一是研究视角创新。

该书将“共轭”引入教育经济学领域，这是一个全新的研究视角。

“轭”、“共轭”，对于大多数社会科学学者而言，是比较陌生的概念。“轭”，原是指驾车时套在牛颈部的人字形器具，通过“轭”将拉车的牛和车组合成一个系统，牛通过“轭”必须协调一致才能使整个牛车按照人们的意愿前行。在这里，“轭”实际上具有束缚和控制的含义。从哲学上讲，“轭”其实就是一种联系，是某一系统运动过程中既不可或缺又相互博弈的内部成对要素之间的一种联系；“共轭”就是按照一定的规律使“共轭要素”相匹配。“共轭”是包含“共轭要素”和“轭”的一种组合状态，即“共轭状态”。而“共轭”的本意，就是指两头牛通过牛背上的“轭”使它们同步行走。刘林指出，共轭是系统整体性和相关性的内在表现，是系统自组织的原动力之一；共轭状态下的共轭要素既相互制约又相互促进，它可以使整个系统结构相对稳定、整体功能协调、对环境适应性强。

“共轭”这一概念的使用，最早是在自然科学领域，如数学、物理、化学等学科，主要是用来表示对称、平衡、稳定等自然属性的。哲学社会科学研究领域涉及共轭的研究成果很少，系统研究共轭理论的文献更不多见。正如刘林所说：“在哲学社会科学领域，共轭理论阐述尚不够系统。即使有试图系统论述共轭理论的尝试，也显得不够深入与精致。比如‘轭’、‘共轭’、‘共轭系统’、‘共轭效应’等概念体系尚未建立；共轭特征的提炼与概括还不够准确，论述也略显粗糙。作为具有认识论与方法论意义的‘共轭’理论，有必要更加系统地、深入地进行理论梳理与应用延伸。有理由相信，共轭理论及其应用一定会得到进一步的拓展。”

记得 2009 年我在申报教育部人文社会科学研究课题时，受自然科学“共轭”概念的启发，运用“共轭”原理研究制度学视域下当代中国大学的学术权力与行政权力的关系问题。当时，我的致思理路是：从我国的国情出发，以党委领导下的校长负责制为研究前提，从制度学、组织行为学、共轭原理等出发研究大学组织治理中的学术力量和行政力量的关系。在考察了中国大学内部治理结构后发现，大学的学术权力与行政权力之间存在着共轭关系。基于大学的基本属性和职能，我提出，当代大学治理已经不是强调学术力量还是行政力量的问题了，而是如何在二者之间寻求一种合理的平衡点，即二者之间的共轭关系。制度学告诉我们，在现代大学利益格局下，学术力量和行政力量只有在大学治理的秩序和规则中才有其各自的生存空间和发展余地。而组织行为学则提出，组织中个体或群体的行为都是有其目的的，各种动机和目的在一个组织中往往造成冲突，而冲突的解决就是在一种“相互妥协”下达成的，它们处于一种共轭关系之中。关键是找到一种平衡点，不同的平衡点造成不同的结构和运行机制。这就是共轭原理。在此基础上，我给出了大学组织学术权力与行政权力共轭模型：

$$f = tx + (1 - t)y,\ t \in [0,\ 1]$$

其中，x 为学术力量，y 为行政力量，t 为参数，影响 t 值的因素包括制度、学校历史、学校文化等诸方面。

理想的 t 值应该是“黄金分割点”，即 $t = 0.618$。但在实际的大学治理中，我认为，t 值往往会偏离这个值，达到一个实践中的均衡。我的博士生郭莉基本上以我的教育部课题作为她的博士学位论文的研究方向。在她的博士学位论文《当代中国大学学术权力与行政权力的共轭机理研究》中，尝试对共轭理论进行了初步阐述，提出了共轭的内涵及特点，并在此基础上将共轭用来阐释大学学术权力与行政权力的关系。她认为:“从哲学来讲,‘轭’其实就是一种联系,而且这种联系是有条件的。……‘共轭’是按照一定规律联系着的一对事物,而且这对事物通过一定的规律协调对称地相互影响、相互制约,使得整个系统结构相对稳定、要素联系紧密、整体功能协调、对环境适应性强。……共轭是有序之本,共轭机理是事物运动发展的终极原因。”

刘林运用教育学、经济学、管理学,特别是管理学理论中“老三论”(系统论、控制论和信息论)、“新三论”(耗散结构论、协同论和突变论)等理论和方法,分析了共轭的概念体系、共轭的基本特征、共轭的价值及共轭理论在哲学社会科学研究领域应用的适切性,这就为研究高等教育与人才集聚两种投入对区域经济增长的共轭驱动提供了清晰可行的视角工具。

他在对共轭进行定义的基础上对共轭的特征做了新的概括:普遍性与多样性、依存性与对称性、动态性与平衡性(郭莉的概括是对称性、传递性和规律性)。并且,他对“共轭系统”、“共轭驱动”、“共轭效应”等相关概念也进行了界定。认为,“共轭系统”有狭义和广义之分,狭义的共轭系统是指由共轭要素和轭组成的集合,共轭要素通过轭相互关联;广义的共轭系统是指包含共轭要素的集合,即除共轭要素、轭等要素以外,还有其他相关联的要素,是一个“扩大了”的集合。并且,狭义的共轭系统仅可以被看作是广义共轭系统的一个子系统。在实际生活当中,人们研究与实践的共轭系统往往是广义的。“共轭驱动”是指共轭要素自组织原动力相互作用的结果。“共轭效应”是指共轭要素共轭驱动系统发展所产生的效果。他指出,共轭强调系统的稳定性,而非系统发展的速度。然而事实上,在共轭系统中,共轭要素共轭驱动的目标是使整个系统发生内耗减少、系统更趋稳定有序的共轭效应,大多数时候这种共轭效应往往表现为系统发展不但速度较快,而且稳定有序。

尤其难能可贵的是,刘林对新理论、新方法的引进与使用不盲从,始终保持学术的“警惕性”,注重新理论、新方法移植的“适切性”,而不是追求标新立异、哗众取宠。

一方面，他积极尝试学科的交叉融合，比如，共轭在教育经济学领域的运用，认为："哲学社会科学研究领域关注的现象，如高等教育、经济增长等，具有非线性、不可逆性、偶发性等特征。人类社会的日常生活当中共轭现象无处不在，共轭形态林林总总。人类社会发展过程中的问题，有很多又可以用共轭的视角来认识，用共轭的方法来解决。共轭远远超过了现有学科的认识与应用，具有自然科学与哲学社会科学意义之上的一般概念特征。""哲学社会科学领域开始对共轭的关注，说明共轭理论在科学研究的大分化大融合时代使这一领域赋予了新的生命力。虽然尚处在起步阶段，但呈现出快速升温的态势。共轭理论为哲学社会科学研究开辟了新的研究领域并具有认识论与方法论的哲学意义。现有的文献为人们提出了共轭的内涵、共轭的特征等理论轮廓，并进行了初步的探讨，为共轭理论及其应用的研究开启了一扇大门，这是具有质变性质的事件。"

另一方面，他对共轭在高等教育管理学领域的运用又持审慎的态度，谨防硬性移植而产生"水土不服"。他说："通过对教育经济学具体研究视角的创新，使我们的教育经济学研究活动自觉面对复杂的巨型系统，实现研究方法的多样性与统一性整合。共轭视角是一种包纳多样性与统一性的共轭，是有序和无序的统一、必然和偶然的结合。共轭不是能够用简单的方式来加以确定并取代简单性的。当然，我们在研究与实践中引入共轭视角并不是为教育经济学研究找寻出一个万用的法宝和金科玉律，须知共轭也只是人类认识长河中的一个涟漪而已，如果认为它是一个认识的尽头，这个观念本身就是非共轭的。经济增长活动中与高等教育投入对应的共轭要素的挖掘，这对共轭要素之间的关系，以及这对共轭要素如何驱动经济增长，只是这一研究领域的一种别样的方法，它无法否定已有研究方法的科学性与成功之处，我们的头脑一定要保持警醒。"这个观点所体现出的学术态度、科学精神值得点赞。

二是分析了高等教育与人才集聚两种投入对区域经济增长的共轭驱动机理。

在对共轭基本理论解读的基础上，刘林运用共轭理论分析了高等教育和人才集聚两种投入对区域经济增长的共轭驱动机理。高等教育投入和人才集聚投入是一对十分复杂的共轭关系，其对区域经济增长的共轭驱动机理也很难把控。这是这部著作的“重头戏”，刘林在这方面的研究应该说是原创性的。他基本上厘清了高等教育投入和人才集聚投入的共轭关系，找到了两种投入之间的“度”，即理性的共轭状态，勾勒出了两种投入对区域经济增长的共轭驱动动力源及其共轭驱动机理。

他指出，区域经济是一个要素众多、层次复杂、目标功能多样的系统，其中相互作用的要素、变量是极其复杂的。他特别提出，随着社会的发展和经济增长方式的转变，人才成为影响经济增长最为重要的要素之一。某一区域在促进经济增长过程中必然要考虑人才的培养与集聚，即如何增加人才要素的数量以促进区域的经济增长。他进一步指出，高等教育投入与人才集聚投入之间的关系符合共轭的内涵及特征，共轭视角可以用来认识高等教育投入与人才集聚投入对经济增长的驱动机理。共轭驱动机理就是指为实现经济增长的目标，高等教育投入与人才集聚投入两要素共轭驱动经济增长的内在工作方式，以及在一定的条件下高等教育与人才集聚两种投入要素相互联系、相互作用的运行规则和原理。共轭驱动的动力来自共轭要素的自组织原动力，是共轭要素自组织原动力相互作用的结果。

通过研究，刘林认为，区域高等教育投入和人才集聚投入这对共轭要素的自组织原动力可以分为相互“制约（竞争）”、相互“促进（妥协）”两种密不可分的动力。相互制约（竞争）是因为在总投入和其他投入既定的前提下，高等教育发展与人才队伍建设的投入会因为相互竞争而此消彼长，这是相关主体追求自身利益最大化的必然现象。增加了高等教育投入势必会减少人才集聚投入；反之，增加了人才集聚投入必然会减少高等教育投入。而相互促进（妥协）则是因为如果偏重了高等教育投入，而不重视人才集聚投入，即使培养了大批人才也会因为人才的流动而流失。这样，某一区域即使为人类长远发展做出再大的贡献，也不能为本区域近期的经济增长提供必要的人才资源，区域经济增长就没有了最重要的人才要素的保障；同样，如果偏重人才集聚投入，而减少高等教育投入，则会影响高等教育的发展。这样一来，也许某一区域能够在短期内集聚大量人才，但没有为人类长远发展履行自己的责任和义务，人才积累的总量就会减少，最终影响到区域的整体发展，区域经济同样不可避免地会受到影响。因此，区域高等教育投入和人才集聚投入缺一不可，互为基础。相关主体在追求自身利益最大化而相互竞争的同时，必须要进行必要的相互妥协。

区域高等教育与人才集聚两种投入相互联系、相互作用的运行规则和原理就是，区域高等教育与人才集聚两种投入必须要有一个恰到好处的“度”——共轭状态，这个“度”是指既能满足高等教育和人才队伍建设相关主体的需要，又能共轭驱动区域经济社会的发展，进而满足多极主体的综合需求。这是区域高等教育与人才集聚两种投入理想的共轭状态。如果有任何一方不满意，则会通过多极主体相互博弈所产生的“自组织原动力”的影响进行“自发”的调节。所以，共轭状态是区域高等教育发展、人才队伍建设和经济增长等相关多极主体根据实际情况，综合带有主体价值渗透的认知进行相互竞争与相互妥协的博弈的结果。这种相互竞争、相互妥协的博弈使得区域高等教育与人才集聚两种投入趋向共轭状态，进而实现对区域经济增长的共轭驱动。

刘林一方面认为，共轭视角让我们在分析区域经济增长的问题时，将高等教育投入和人才集聚投入自然地联系在了一起。另一方面他特别指出，并不是区域高等教育投入越多就对本区域经济增长的贡献越大，因为人才具有流动性特征。人才的流动性迫使区域在进行各种投入的决策时不得不考虑其高等教育投入的效应。如果没有必要的人才集聚投入，区域在吸引人才方面将很被动，有可能使高等教育投入对本区域的经济增长的贡献很小。所以，当区域总投入和其他投入既定的前提条件下，高等教育投入与人才集聚投入自然形成了一对共轭要素。高等教育投入与人才集聚投入此消彼长，相互制约、相互促进。共轭自然形成了对区域经济增长驱动研究的比较适切的视角之一。这个观点显然是对他原来观点的深化与纠偏。

在以上认知的基础上，刘林认为，高等教育投入与人才集聚投入这一对共轭要素，是通过“人才”这个“轭”来驱动经济增长的。也就是说，在知识经济时代，人才可以视为高等教育与人才集聚两种投入的“轭”。根据“轭”的性质及特征，可以认为，只要高等教育与人才集聚两种投入达到共轭状态，必然会实现对经济增长的共轭驱动。就某一区域而言，在区域总投入水平既定的条件下，且假设其他投入不变，高等教育与人才集聚两种投入存在着一种相互联系、相互影响并趋于“帕累托最优”的理想状态，正是这种理想状态，才能够使得两种投入既能够满足高等教育发展需要，又能够实现人才队伍建设，进而协调对称地相互影响、相互制约，形成共同驱动经济社会要素紧密联系、整体功能协调、对环境适应性强的稳定发展状态。

三是通过构建数学模型就高等教育与人才集聚两种投入对区域经济增长的共轭驱动进行实证分析。

如果说前面的研究是质性研究，那么借助相关的工具构建数学模型，就是定量研究。刘林的这部著作较好地体现了定性研究与定量研究相结合、理论分析与实证分析的统一。

刘林根据高等教育与人才集聚两种投入对区域经济增长的共轭驱动机理的研究，借助判别分析法，以江苏、浙江两省为样本，构建了区域高等教育与人才集聚两种投入的共轭判别模型。其目标类的选取是基于“共轭是主体价值的渗透”的观点、西蒙的“有限理性”和相邻区域的“趋同效应”假设实现的。在此基础上，他借助回归方程构建了高等教育与人才集聚两种投入对区域经济增长的共轭驱动检验模型。

之所以以江苏、浙江两省为例，刘林认为，长三角地区是我国综合实力最强的区域之一，在我国现代化建设全局中具有重要的战略地位和突出的示范带动作用，因此，以长三角江苏、浙江两省为例，研究高等教育与人才集聚两种投入对区域经济增长的共轭驱动，具有重要的典型意义和示范意义。他还认为，目前在对共轭理论的应用上，尚处在尝试阶段，选取相邻两省作为研究对象可以解决数据处理过程中一些可能存在的方法上的鸿沟。

为此，刘林通过各种渠道，尽可能全面地收集江苏、浙江两省的相关数据，对数据进行处理；借助相关共轭模型，运用比较分析的方法，对江苏、浙江两省高等教育与人才集聚两种投入趋向共轭状态的程度，以及江苏、浙江两省高等教育与人才集聚两种投入对经济增长的共轭驱动程度进行比较分析。通过比较分析和共轭模型分析，准确地估算了江苏、浙江两省高等教育与人才集聚两种投入趋向共轭状态的程度，验证了高等教育与人才集聚两种投入可以实现对区域经济增长的共轭驱动。研究结果说明，当区域高等教育与人才集聚两种投入趋向共轭状态时，系统内耗会减少，对环境适应性强，系统更加稳定，区域经济可以实现平稳较快地增长。刘林发现，江苏省较浙江省而言，高等教育与人才集聚两种投入更加趋向共轭状态，且产生了对区域经济增长的共轭驱动效应。刘林还发现，江苏省高等教育投入的努力程度优于浙江省，浙江省人才集聚投入的努力程度优于江苏省。借助高等教育与人才集聚两种投入对区域经济增长的共轭驱动检验模型，刘林得出如下结论，江苏省应进一步提高人才集聚投入的努力程度，而浙江省应加大高等教育投入的努力程度；同时，他提出，两省要注意两种投入比例关系的合理调整，使高等教育与人才集聚两种投入趋向共轭状态，以期实现对区域经济增长的共轭驱动效应。

四是为江苏、浙江两省提出了高等教育投入与人才集聚投入的具体政策建议。

学术研究不是自说自话，不能停留在构建自己的话语体系之中。学术研究必须有价值取向，特别是在大学服务社会功能日渐强化的今天，学术研究必须做到理论与实践的结合，学者必须为国家、区域经济社会发展提供智力支持、政策咨询。这也是学术研究保持生命力的重要源泉。

模型的构建也不能为模型而模型，为工具而工具。模型、工具只是研究的手段，对于极其复杂的经济社会问题，仅靠模型、工具是不行的。模型、工具的运用必须依托理论的支撑，也就是我提出的“价值理性与工具理性的共轭”。

应该说，经过近四年的学术磨砺，刘林体现了学术研究服务社会的价值取向，也基本克服了工具主义偏向，其学术研究不断趋于价值理性与工具理性的“共轭”。他为江苏、浙江两省提出的高等教育投入与人才集聚投入的具体政策建议，应该说是有针对性和建设性的。

当前和今后相当长的一个时期内，依靠创新驱动实现产业结构的调整与升级、经济增长方式转变越来越成为我国经济发展的战略性选择，这也是我国经济发展的新常态。作为我国经济发达区域，江苏、浙江两省更应如此。而实施创新驱动战略离不开人才支撑。人才最本源的供给依赖高等教育的发展，只有继续加大高等教育投入，才能培养并积累人才。一方面，要采取有效措施确保高等教育与人才集聚两种投入的增量，以满足各方面发展的需要；另一方面，在总投入能力与努力程度达到“峰值”的情况下，要把握区域高等教育与人才集聚两种投入的相对量，使区域高等教育与人才集聚两种投入趋向共轭状态，发挥共轭效应，实现对区域经济增长的共轭驱动。这方面，他具体提出了江苏、浙江两省加大高等教育投入、促进人才优先积累的主要路径：努力增加财政性高等教育经费支出、全方位挖潜吸引社会捐赠、合理确定高等教育学费标准、提高高等教育经费使用效率。在加大人才集聚投入、促进人才有效集聚方面，刘林为江苏、浙江两省提出的具体建议是：除直接提高福利待遇外，还必须：调整产业结构，形成人才集聚需求；加强制度建设，保障人才有效集聚；优化综合环境，促进人才和谐集聚。

除了对江苏、浙江两省给出具体的政策建议，刘林还从共轭驱动的角度提出了江苏、浙江两省地方政府加大高等教育与人才集聚两种投入的决策原则与方法：

第一，合理选取共轭状态参照标准。根据赫伯特·西蒙提出的

“满意标准”和“有限理性标准”，江苏、浙江两省高等教育与人才集聚两种投入的共轭状态，应以两省域的“均值”为共轭点是一个令人“满意”的标准。

第二，准确估算共轭状态趋向程度。通过判别分析法来寻找高等教育投入、人才集聚投入分别与“共轭点”的“距离”；通过“马氏距离”定量估算出江苏、浙江两省高等教育与人才集聚两种投入趋向（或偏离）共轭状态的程度。

第三，及时调整要素投入大小比例。根据“相对满意”效率目标，动态把握共轭状态，并及时做出调整，最大限度地发挥高等教育与人才集聚两种投入对经济增长的共轭驱动效应。

应该说，这些政策建议以及决策原则方法都是具有创新性的。

当然，这部著作也还存在一些值得商榷的地方，在学理分析上还需要进一步强化，在方法运用上还需要进一步完善，在数据选取上还需要进一步科学。这些不足之处，刘林自己也明显地感觉到了，并且在未来的研究中将尽力弥补不足，将共轭问题的研究进一步深化。正如他自己所言：共轭有着十分广泛的应用领域和十分广阔的应用前景。“共轭作为哲学社会科学研究一个全新的视角，值得系统地、深入地给予更多的关注，共轭将成为一个全新的研究领域。后续研究可以将成对要素的共轭关系研究推广到多要素的共轭关系研究，以期能够更加真实地反映和解决实际问题。”我相信刘林有信心、有能力、有毅力将这一领域的研究深化下去，并取得更丰硕、更高水平的研究成果。

是为序。

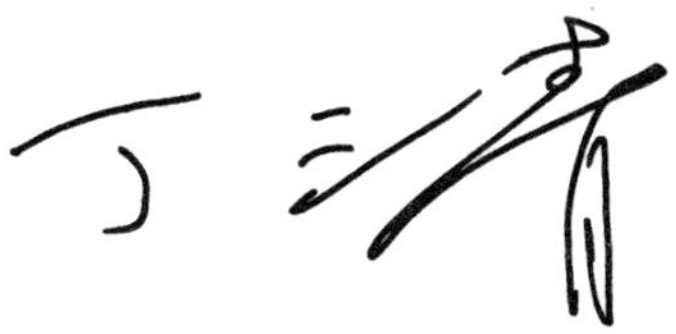

2015 年 11 月 30 日于古彭文昌山下

摘　要

人才是影响经济增长的关键性因素，高等教育投入则是人才培养最为重要的路径，因此高等教育投入成为经济增长的重要投入之一。但如果将高等教育投入限定在特定的区域范围内，考察其对经济增长的作用就会发现，人才的流动性让人才集聚投入成为另一个影响人才数量进而影响区域经济增长的重要因素。为此，回答“高等教育与人才集聚两种投入在什么情境下可以更好地驱动区域经济增长?”是一个很现实的问题。这一问题涉及多极主体以及同一主体在不同时期的多种诉求，是一个带有主体价值渗透的问题。

本书从“共轭”这一新的视角来洞察高等教育与人才集聚两种投入之间的关系，以及两种投入对区域经济增长的作用。在已有研究成果的基础上，较为系统地介绍了共轭的内涵及其基本特征，分析了对共轭应用在拟解决问题上的适切性。当系统处于共轭状态时，内耗减少，对环境适应性强，系统更趋稳定，发展更加顺畅。由于人才的流动性，区域高等教育投入越多，人才积累就越多，但这些人才不一定都能为本地区所用；同样的原因，区域人才集聚投入越多，人才集聚情况就越好，但凝结在人才身上的高等教育投入不一定都来自本区域。对于区域来讲，体现了人类长远发展责任和义务要求的高等教育投入和体现了区域现时发展速度与效率诉求的人才集聚投入共同通过影响区域所需要的“人才”这个“轭”产生了联系。在区域总投入和其他投入既定的假设前提下，区域高等教育与人才集聚两种投入形成了一对共轭要素，它们之间的关系满足共轭的基本特征，共同作用于区域经济增长。

通过分析高等教育与人才集聚两种投入之间的共轭关系，以及高等教育与人才集聚两种投入对区域经济增长的共轭驱动机理，借助“判别分析法”构建了区域高等教育与人才集聚两种投入的共轭判别模型。通过江苏、浙江两省数据的实证研究发现，江苏省高等教育与人才集聚两种投入与共轭状态的距离分别为 0.0328 和 0.0744，比浙江省的 0.0329 和 0.1071 都更加趋向共轭状态。在此基础上，通过高等教育与人才集聚两种投入对区域经济增长的共轭驱动检验模型的实证分析，证明了江苏省相对浙江省而言高等教育与人才集聚两种投入更好地驱动了经济增长。研究结果说明，当区域高等教育与人才集聚两种投入趋向共轭状态时，系统内耗会减少，对环境适应性强，系统更加稳定，区域经济可以实现平稳较快地增长。

最后得出，区域发展过程中除了要继续加大高等教育与人才集聚两种投入以保障人才积累与人才集聚外，还要在总投入有限的情况下，提高两种投入对区域经济增长作用的共轭效应：第一，要合理选取共轭状态的参照标准；第二，要准确估算共轭状态的趋向程度；第三，要及时调整要素投入的大小比例。

关键词： 高等教育　人才集聚　投入　共轭　区域经济增长

Abstract

Talent is becoming the key factor that influences economic development. Meanwhile, the main approach of talent education is the investment of higher education. Consequently, the investment in higher education becomes one of the most significant part of the investment in economic development. However, as we're investing in higher education in a certain area and trying to find out its influence on economic development, another problem arises. Due to talent migration, investment in talent gathering becomes another factor that influences talent amount and regional economic development in the further. In what kind of situation could investment in higher education and talent gathering better motivate regional economic development? The answer involves multipolar subject and one subject's different appeals at different times.

Based on former researches, this paper manages to solve these problems with the help of "conjuction" theories. First, the content and the basic characteristics of conjugation are introduced and the adequacy of applying conjugation into the to – be – resolved problems is discussed. When the system is in the state of conjugation and internal friction reduces, the system is well – adapted and grows more stable. The more is invested in regional higher education, the more talents are accumulated, But these talents might not serve in the region. On the other hand, the more is invested in regional talent gathering, the more talents are gathered, but the investment of higher education in these talents may not come from the certain region. The investment of higher education and the investment of talent gathering would be connected when imposing influence upon the "Yoke", talent, which is needed is the region. Supposing the total investment and other investment in the region are fixed, investment in regional higher education and in regional talent gathering constitute a pair of conjugation factors. This kind of relationship match the basic characteristics of conjugation, and act on regional economic development.

Adopting discriminant analysis method, this paper formulates a conjugation discriminant model of investment in higher education and that in talent gathering by analyzing the conjugation relationship between them and conjugation driving mechanism that works on the regional economic growth. Based on concrete evidence analysis of Jiangsu province and Zhejiang province, the author found the data of the two kinds of investment in Jiangsu is closer to the conjugation state data than that in Zhejiang. The conclusion is drawn that the two kinds of investment in Jiangsu takes a better effect on economic development than in Zhejiang. Furthermore, conjugation theory is proved to be correct as saying "When the system is in the state of conjugation, as internal friction reduces, it is well - adapted, and the system grows more stable."

At last, the paper puts forward recommendations on policy - making with regard to conjugation driving mechanism. That is, as the two kinds of investment continue to increase, guarantee the talent accumulation and talent gathering, how to improve the efficiency of the two kinds of investment when the total investment is limited? The answer lies in select proper reference standard of conjugation state, accurately evaluate the inclination of conjugation state, and timely regulate the proportion of different kinds of investment promptly.

Keywords: higher education talent gathering investment conjugation regional economic growth

目　录

第一章 绪论

第一节 研究背景

影响经济增长的因素很多，其中人力资本是关键性的影响因素之一。在科学技术相对落后的时期，经济增长与人力资本数量高度正相关；而在知识经济时代，经济增长与人力资本的质量高度正相关。人力资本质量的提高离不开教育，现实语境下需要对终身学习理念进行推展，其中高等教育的作用尤其重要。我们将高质量的人力资本限定在受过高等教育的人群范围内并统称为“人才”，这和《国家中长期人才发展规划纲要（2010—2020 年）》所表述的——“人才是指具有一定的专业知识或专门技能，进行创造性劳动并对社会做出贡献的人，是人力资源中能力和素质较高的劳动者。”① 虽有一定差异，但基本吻合。因为本书将围绕受过高等教育的从业人员展开，对人才进行这样的限定主要是为了研究的方便。

基于对人才的重视，高等教育投入对经济增长的重要作用已经成为人们关注的热点问题。如今人们普遍认同高等教育投入是人才培养重要的路径，高等教育投入是经济增长的重要投入之一。但当我们将高等教育投入限定在特定的区域范围内时，其对区域经济增长的作用却因为人才的流动性而出现了新的值得进一步研究的问

① 《国家中长期人才发展规划纲要（2010—2020 年）》，http：//news. xinhuanet. com/politics/2010 - 06/06/c_ 12188202_ 2. htm，2013 年 12 月 1 日。

题。区域高等教育投入培养的人才会随着人才的流动而在区域间流进、流出，人才的流动性使得区域高等教育投入与该区域的经济增长在逻辑上不具备直接的相关关系。区域人才数量的增加除了需要高等教育投入进行积累外，还需要相关投入进行集聚。

一 人才集聚与高等教育两种投入对区域经济增长的驱动同等重要

我们把影响人才集聚的投入称为人才集聚投入，集中表现为影响人才流动的各种投入，比如，产业结构调整、福利待遇提高、社会环境优化、发展空间创造等投入。人才集聚投入可以吸引和稳定人才，如果没有人才集聚投入，本区域经济增长所需要的人才数量就得不到保障，即使该区域高等教育投入很多，也可能由于人才的流动性形成人才流失，使得该区域培养的人才不能为本区域做出贡献。

对于全人类来讲，人才的增长主要来源于高等教育投入人才培养功能所发挥的积累效用，没有全社会的高等教育投入就没有人才的积累。但就某一区域来讲，情况就有所不同了，由于人才具有流动性特征，某一区域人才的增加一方面可以通过高等教育投入进行积累，另一方面则需要防止人才流失并吸引人才流进，必须进行一定的人才集聚投入为人才供给提供保障。高等教育投入是人才积累的根本性投入，没有高等教育投入，整个社会的经济增长就没有了人才供给的源头，高等教育投入是人类社会长远发展的必然诉求，就区域来讲更多地体现了区域的责任和义务；人才集聚投入是区域人才集聚的时效性投入，没有人才集聚投入，区域经济增长所需要的人才供给就很难在短时期内得到保障，人才集聚投入更多地体现了区域的现时效率诉求。

二 高等教育与人才集聚两种投入的关系问题是区域决策必须面对的现实问题

人才的流动性给区域的投入决策带来两难困惑：是增加高等教育投入为人类进步多承担责任和义务，还是增加人才集聚投入以快速满足区域经济增长的现时需求？这是一个涉及多极主体以及同一主体在不同时期多种诉求的，错综复杂的问题。随着人们对高等教育投入重要性认识的不断深入，作为对人类社会长期发展的一种责任和义务，高等教育投入的底线已经由国家法律予以保障。同样，区域经济增长的现时诉求对人才集聚提出需求，在区域投入过程中不得不考虑流动性可能带来的人才流失风险以及人才流进机遇，必须进行一定的人才集聚投入来稳定和吸引人才。在区域总投入和其他投入水平既定的假设前提下，高等教育与人才集聚两种投入自然就存在着一种相互制约的联系，两种投入相互影响并通过多极主体相互博弈，最终趋向帕累托最优状态。这种理想状态使得高等教育与人才集聚两种投入能够协调、均衡地通过人才培养和人才集聚来促进区域经济增长，而不至于受到短板效应的制约，同时区域高等教育事业与人才工作也能够使得相关主体达到相对满意的程度。

三　共轭视角是高等教育与人才集聚两种投入对经济增长作用研究的全新尝试

为便于描述区域内高等教育与人才集聚两种投入之间这种相互联系、相互影响的关系，文章将引入“共轭”视角来进行分析。“共轭”是研究高等教育与人才集聚两种投入对区域经济增长作用的新视角尝试。考虑凝结在人才身上高等教育投入的流动性以及高等教育投入资本化的时滞性等因素，通过分析高等教育投入与人才集聚投入之间的共轭关系，以及高等教育与人才集聚两种投入对区域经济增长的共轭驱动机理，建立高等教育与人才集聚两种投入对区域经济增长的共轭驱动模型，借助计量方法，以江苏、浙江两省为例，实证分析高等教育与人才集聚两种投入对区域经济增长的共轭驱动，验证高等教育与人才集聚两种投入对区域经济增长的共轭驱动机理，得出如何采取有效措施，才能发挥高等教育与人才集聚两种投入对区域经济增长的共轭驱动效应，实现高等教育与人才集聚两种投入对区域经济增长的共轭驱动。共轭视角下的高等教育与人才集聚两种投入对区域经济增长的作用研究是这一研究方向全新的尝试，具有一定的理论意义和实践意义。

第二节　研究目的和意义

一　研究目的

借助“共轭”研究视角，以人力资本理论、新经济地理理论等为理论基础，分析高等教育投入与人才集聚投入这对要素的共轭关系，以及高等教育与人才集聚两种投入对区域经济增长的共轭驱动机理。通过高等教育与人才集聚两种投入的共轭关系以及两种投入对区域经济增长的共轭驱动机理分析，建立区域高等教育与人才集聚两种投入的共轭判别模型以及高等教育与人才集聚两种投入对区域经济增长的共轭驱动检验模型。最后通过江苏、浙江两省相关指标数据进行实证分析，对区域高等教育投入与人才集聚投入提出政策建议。

二　研究意义

以“共轭”的研究视角来洞察区域高等教育与人才集聚两种投入之间的关系，以及高等教育与人才集聚两种投入对区域经济增长的驱动作用，具有一定的理论意义和实践意义。一方面，在理论上尝试系统地论述共轭理论，并阐明区域高等教育与人才集聚两种投入的共轭关系和高等教育与人才集聚两种投入对区域经济增长的共轭驱动机理；另一方面，通过构建数学模型就高等教育与人才集聚两种投入对区域经济增长的共轭驱动进行实证分析，为区域高等教育投入与人才集聚投入提供政策建议。

（一）理论意义

第一，具有丰富理论研究内容的意义。尝试系统论述共轭理论，给出共轭的概念体系以及共轭的基本特征，丰富哲学社会科学领域中理论研究的内容。

第二，具有丰富研究视角的方法论意义。运用共轭理论来分析驱动区域经济增长的高等教育与人才集聚两种投入之间的关系，是这一研究领域的新路径与新方法，具有方法论意义上的创新。本书将主要阐明高等教育与人才集聚两种投入对区域经济增长的共轭驱动机理。

第三，具有丰富研究工具的意义。在阐明高等教育与人才集聚两种投入对区域经济增长的共轭驱动机理基础上，借助数学工具和计量方法构建共轭相关模型来定量研究高等教育与人才集聚两种投入对区域经济增长的驱动问题，具有丰富研究工具的意义。

第四，具有丰富决策原则的意义。决策原则有很多，共轭原则应当可以看成一个具有科学性与可行性的新原则。共轭原则要求决策者从系统整体稳定、有序、高效的发展目标出发，运用共轭原则对系统要素进行干预，使得共轭要素趋向共轭状态，发挥共轭效应，实现对系统的共轭驱动。

（二）实践意义

第一，构建共轭模型进行实证分析。通过构建区域高等教育与人才集聚两种投入的共轭判别模型，以及高等教育与人才集聚两种投入对区域经济增长的共轭驱动检验模型，以江苏、浙江两省为例，实证分析高等教育与人才集聚两种投入的共轭关系以及两种投入对区域经济增长的共轭驱动效应，可以清晰地发现江苏、浙江两省各自的高等教育投入与人才集聚投入趋向共轭状态的程度，以及高等教育与人才集聚两种投入对江苏、浙江两省经济增长的共轭驱动效应大小。

第二，更科学有效地提供政策建议。在实证分析的基础上，就江苏、浙江两省在高等教育投入和人才集聚投入上进行更科学、更有效的制度供给分析。即在共轭视角下，江苏、浙江两省如何进行高等教育投入与人才集聚投入干预，才能既保障各自区域高等教育事业和人才工作健康发展，又促进各自区域内高等教育投入与人才集聚投入共轭驱动经济增长，发挥出高等教育与人才集聚两种投入对区域经济增长的共轭驱动效应。

第三节　研究综述

一　研究现状

（一）教育对经济增长的作用研究

第一，人类的思想先驱早就有关于教育促进经济增长的经济思想。比如，管仲［或约公元前 723（或公元前 716）至前 645 年］强调："一树一获者，谷也；一树十获者，木也；一树百获者，人也。"说明培养人才是发展的长远大计。孔子（公元前 551 至公元前 479 年）非常重视教育与经济之间的关系，强调"既庶则富之，既富则教之"①，强调劳动力是生产的基础，生产是教育的基础；孔子同时强调教育对经济发展具有反作用。② 与孔子同时期古希腊的柏拉图（Plato，约公元前 427 至公元前 347 年）、亚里士多德（Aristotlē，公元前 384 至公元前 322 年）等都有教育的经济思想。③ 早期教育促进经济增长的思想基本都是对教育与经济现象的直观认识，属于思想萌芽层面。

第二，近代学者仍不乏教育对经济作用的认识，只是仍然停留在直观认识上。直到近代，由于相关理论基础和工具未被发现，人们对教育与经济增长之间的关系仍然大都停留在直观感觉的层面上，没有对教育与经济增长的关系进行深入细致的理论探讨，也没有相关问题的定量分析。比如，英国古典政治经济学家亚当·斯密（Adam Smith，1776）在《国富论》的序言中提出，"劳动力的熟练、技巧和判断力对国民财富的产生起决定性作用"④，而教育投入可以提高劳动力的熟练、技巧和判断力。英国著名经济学家艾尔弗雷德·马歇尔（Alfred Marshall，1890）在他的代表作《经济学原

---

① 李星云：《教育与经济论》，安徽人民出版社 2008 年版，第 3—4 页。

② 王玉珣：《孔子教育经济思想探微》，《教育与经济》1991 年第 2 期。

③ 姚益龙：《有关教育与经济增长理论的文献综述》，《学术研究》2004 年第 3 期。

④ ［英］亚当·斯密：《国富论》，郭大力等译，生活·读书·新知三联书店 2009 年版，第 1 页。

理》一书中提出，“依靠这个手段（教育投资），许多原本会默默无闻地死去的人就能够获得发挥他们潜在的能力”。[①] 国内陶行知、杨贤江等学者也尝试探索教育与经济发展之间的联系。

第三，现代学者就教育对经济增长的作用研究逐渐“升温”。20 世纪 20 年代开始，特别是 60 年代以来，一方面，由于经济持续快速发展；另一方面，在经济发展过程中，人口、环境和制度等问题开始凸显。学者对这一领域问题的关注程度与日俱增，这引发人们对教育对经济增长作用更深层次的思考。伴随着数学工具在社会科学研究领域应用的普及，有关教育对经济增长作用的定量研究出现了较多成果。主要分为：

（1）教育投入通过内生技术进步对经济增长的作用研究。大部分学者基于人力资本理论，将人力资本纳入经济增长模型，就教育对经济增长的长期作用进行定量研究。从 20 世纪 50 年代末开始，“人力资本理论”奠基人西奥多·W. 舒尔茨（Theodore W. Schultz，1961）提出人力资本投入是经济增长的主要源泉，人力资本的主要投入途径是教育投入，并提出教育对经济增长贡献的“舒尔茨余量法”。[②] 美国学者爱德华·富尔顿·丹尼森（Edward Fulton Denison，1962）提出了一种被称为“丹尼森系数法”的测算方法，该法后被广泛用于研究欧洲和拉丁美洲国家教育对经济增长的贡献。苏联学者基于马克思主义的劳动价值论，即“复杂劳动是简单劳动的倍加”提出了“劳动简化计算法”来估算教育对经济增长的贡献。科马洛夫（1972）在《培养和使用专门人才的经济问题》一文中也对教育与经济增长的关系进行了定量研究；科斯塔年（1981）在《教育经济学的对象和方法》一书中，以教育费用作为劳动力质量的修正尺度估算了教育对国民收入增长的贡献率。[③] 20 世纪 80 年代中后期以来，以美国学者罗

① ［英］马歇尔：《经济学原理》，廉运杰译，华夏出版社 2005 年版，第 187 页。

② Schultz, T. W., “Investment in Human Capital”. *American Economic Review*, Vol. 51, No. 1, 1961, pp. 1 – 17.

③ ［苏］科斯塔年：《教育经济学的对象和方法》，丁西成等译，教育科学出版社 1981 年版。

伯特·卢卡斯（Robert Lucas）和罗默（Paul Romer）为主要代表的新增长理论把人力资本纳入经济增长模型，强调知识和人力资本在经济增长中的作用①，而知识和人力资本的积累需要教育投入。美国学者王家骁和冲记业（Kar - yiu Wong and Chong Kee Yip，1999）构建了内生增长交叠世代模型来研究经济增长、教育和收入分配对人才流失的影响，得出人才流失影响经济增长和人力资本积累，进而建议政府应当加大教育投入以减少人才流失对经济增长的影响。② 澳大利亚学者甘讷歌德吉和蓝巴蒂（K. Renuka Ganegodage and Alicia N. Rambaldi，2011）基于内生增长模型，估算了教育投资对斯里兰卡经济增长的贡献（1959—2008）。③ 西班牙学者克莱门特和凯布瑞拉娜（Amparo Castelló - Climent and Ana Hidalgo - Cabrillana，2012）发展了人力资本投资理论来研究学校质量对学生择校的影响及其对经济增长的影响。④ 巴基斯坦学者阿卜杜勒·杰尔和穆罕默德·阿德瑞斯（Abdul Jalil and Muhammad Idrees，2013）基于内生增长理论估算并得出巴基斯坦1960—2010年教育对经济增长具有积极影响。⑤

国内学者崔玉平（2000）⑥、李洪天（2001）⑦、安雪慧（2002）⑧、

---

① 刘林：《高等教育对江苏经济增长率贡献的研究》，硕士学位论文，苏州大学，2006年，第5—9页。

② Kar - yiu Wong, Chong Kee Yip, "Education, economic growth, and brain drain". *Journal of Economic Dynamics and Control*, Vol. 23, 1999, pp. 699 - 726.

③ K. Renuka Ganegodage, Alicia N. Rambaldi, "The impact of education investment on Sri Lankan economic growth". *Economics of Education Review*, Vol. 30, No. 6, 2011, pp. 1491 - 1502.

④ Amparo Castelló - Climent, Ana Hidalgo - Cabrillana, "The role of educational quality and quantity in the process of economic development". *Economics of Education Review*, Vol. 31, No. 4, 2012, pp. 391 - 409.

⑤ Abdul Jalil, Muhammad Idrees, "Modeling the impact of education on the economic growth: Evidence from aggregated and disaggregated time series data of Pakistan". *Economic Modelling*, Vol. 31, 2013, pp. 383 - 388.

⑥ 崔玉平：《中国高等教育对经济增长率的贡献》，《北京师范大学学报》（人文社会科学版）2000年第1期。

⑦ 李洪天：《20世纪90年代我国教育发展对经济增长的贡献研究》，《南京政治学院学报》2001年第6期。

⑧ 安雪慧：《中国三级教育对经济增长的贡献率差异分析》，《天津市教科院学报》2002年第2期。

陈浩和薛声家（2004）[①]、刘林（2007，2009）[②③]、孙拥军和张子麟（2009）[④]、王锡朝等（2011）[⑤]、刘召鑫（2013）[⑥]、杨天平等（2014）等采用相似的方法，先后利用柯布—道格拉斯（Cobb - Douglas）生产函数模型估算了各级各类教育对国家、区域和省市经济增长贡献的大小。[⑦] 林荣日（2000）则采用了自己的方法“人力资本—教育收益率测算法”估算了中国 1982—1995 年教育对经济增长的贡献。[⑧] 马骁和徐浪（2001）、刀福东（2004）等基于劳动简化法估算了教育对经济增长的贡献。[⑨] 刘生元等（2001）[⑩]、袁国敏（2003）[⑪]、柳俊君（2004）[⑫]、胡双梅（2005）[⑬]、樊华（2006）[⑭]等利用费德模型估算了省域或全国教育对经济增长的贡献。姚益龙

---

① 陈浩、薛声家：《教育投入对中国区域经济增长贡献的计量分析》，《经济与管理》2004 年第 10 期。

② 刘林：《中国高等教育对经济增长率贡献的研究》，《合肥学院学报》（自然科学版）2007 年第 1 期。

③ 刘林、崔玉平、杜增吉：《利用数学模型研究高等教育对江苏经济增长率的贡献》，《数学的实践与认识》2009 年第 3 期。

④ 孙拥军、张子麟：《河北省教育投入对经济发展的促进作用》，《经济与管理》2009 年第 3 期。

⑤ 王锡朝、王宇飞、金浩：《河北省高等教育对区域经济增长的贡献研究》，《河北师范大学学报》（哲学社会科学版）2011 年第 5 期。

⑥ 刘召鑫：《浙江省高等教育对经济增长的贡献率分析》，《浙江教育科学》2013 年第 3 期。

⑦ 杨天平、刘召鑫：《中国高等教育对经济增长贡献率的分析比较》，《高校教育管理》2014 年第 3 期。

⑧ 刘林：《高等教育对江苏经济增长率贡献的研究》，硕士学位论文，苏州大学，2006 年，第 11—18 页。

⑨ 崔玉平：《教育对经济增长贡献率的估算方法综述》，《清华大学教育研究》1999 年第 1 期。

⑩ 刘生元、张世晨：《教育对经济增长贡献的计量分析》，《统计教育》2001 年第 5 期。

⑪ 袁国敏：《中国教育投入对经济增长贡献的测算》，《辽宁大学学报》（自然科学版）2003 年第 1 期。

⑫ 柳俊君：《教育对江西经济增长贡献的计量分析》，《科技广场》2004 年第 9 期。

⑬ 胡双梅：《四川省教育投资对经济增长贡献研究》，硕士学位论文，西南交通大学，2005 年，第 1 页。

⑭ 樊华：《高等教育对经济增长影响的实证比较研究》，《辽宁教育研究》2006 年第 2 期。

等（2005）通过多变量的VAR框架分析证实了教育对不同国家经济的积极影响，得出教育与经济增长之间存在双向因果关系，并且发现经济的发展程度与教育对经济增长的贡献呈正向非线性关系。[①] 朱克军（Zhu Kejun）等（2007—2012）发表系列研究成果，给出了一个融神经网络、模糊系统和基因算法的用来估算教育对经济增长的贡献。[②③④⑤] 刘拓和傅毓维（2008）基于互谱分析方法，计算了1979—2006年中国国家教育投入对我国经济增长的贡献率，实证分析结果表明：国家财政教育投入在短期超前于经济增长。[⑥] 黄海军和李立国（2012）利用1996—2009年省际面板数据，通过多种模型的相互验证，就我国研究生教育对经济增长的贡献率进行实证分析，得出1996—2009年间，我国研究生教育对经济增长具有正向促进作用。[⑦] 王家庭（2013）运用空间计量方法，计算出莫兰（Moran）指数及其散点图，并分析了教育对区域经济增长贡献的空间相关性和空间分布特征。[⑧] 吴霞（2013）运用协整检验、格兰杰因果检验关系模型以及长期均衡模型对广西壮族自治区高

---

① 姚益龙、林相立：《教育对经济增长贡献的国际比较：基于多变量VAR方法的经验研究》，《世界经济》2005年第10期。

② Kejun Zhu, Shiwei Yu, Fengqin Diao, "Soft computing applications to estimate the quantitative contribution of education on economic growth". *Applied Mathematics and Computation*, Vol. 187, No. 2, 2007, pp. 1038 – 1055.

③ Guo Haixiang, Diao Fengqin, Zhu Kejun, Li Jinling, Xing Yanmin, "A new method of soft computing to estimate the economic contribution rate of education in China". *Applied Soft Computing*, Vol. 8, No. 1, 2008, pp. 499 – 506.

④ Kejun Zhu, Haixiang Guo, Fengqin Diao, Sixin Xu, "A better estimate to the contribution rate of education on economic growth in China from 1999 to 2003". *Expert Systems with Applications*, Vol. 34, No. 2, 2008, pp. 1371 – 1383.

⑤ Han Suna, Haixiang Guo, Jinglu Huc, Kejun Zhua, "Comparative study on economic contribution rate of education of China and foreign countries based on soft computing method". *Applied Soft Computing*, Vol. 12, No. 8, 2012, pp. 2106 – 2113.

⑥ 刘拓、傅毓维：《我国科教投入对经济增长贡献率实证分析：1979—2006》，《科学管理研究》2008年第10期。

⑦ 黄海军、李立国：《我国研究生教育对经济增长的贡献率——基于1996—2009年省际面板数据的实证研究》，《高等教育研究》2012年第1期。

⑧ 王家庭：《教育对我国区域经济增长的贡献——基于31省区面板数据的实证研究》，《复旦教育论坛》2013年第3期。

等教育对经济增长的贡献进行了分析。[①] 郑丽琴（2014）首次将LMDI 分解法引入高等教育投入与经济增长之间的动态关系研究，通过构建经济增长总量分解模型，分析二者之间的内在驱动关系，结果表明，高等教育投入总量的活动效应对经济增长变动贡献最大，是主要驱动力。[②]

（2）教育投入对经济增长的直接拉动作用研究。在定量研究教育对经济增长的长期作用的同时，部分学者通过多种方法研究教育投入对经济增长的短期直接拉动作用。布卢斯通（Bluestone，1993）在修正传统经济影响因素研究的基础上，提出了高等教育对区域经济影响的新领域。布卢斯通认为，高等教育除了直接影响区域经济，还可以通过培养熟练劳动者和科研工作者，并提供自己的劳动而获得更多的工资，这样就会增加个人缴纳的税收，进而增加税收对社会的贡献。美国学者伯克尔（Berker，1995）分析了大学与当地经济发展之间的关系，发现大学可以用自身的优势来吸引学生，同时大学的消费又在很大程度上影响了当地的经济发展，高等学校场所所延伸的消费以乘数效应和地区交互效应直接影响着当地的经济发展。如果高等学校根据当地经济发展的需求情况开设相关专业和课程，这样培养的学生就更有可能留在当地工作，从而为当地的经济发展带来更大的推动作用。[③]

在国内，1999 年，伴随着“教育拉动经济”的争论，我国实行了高等教育的大扩张。马陆亭（2000）[④] 围绕教育对经济的拉动作用，定性分析并肯定了教育对经济的“长期推动”作用和“短期拉

① 吴霞：《中国高等教育对经济增长的影响——基于广西省数据进行的实证分析》，《石家庄经济学院学报》2013 年第 6 期。

② 郑丽琴：《高等教育经费投入对经济增长的驱动力影响实证研究——基于西北五省数据的 LMDI 分解》，《数学的实践与认识》2014 年第 4 期。

③ 陈霞：《高等教育投入与经济发展协调关系的研究》，博士学位论文，新疆大学，2011 年，第 7 页。

④ 马陆亭：《教育对经济的“推动”与“拉动”》，《高等教育研究》2000 年第 1 期。

动”作用。丁小浩、陈良（2000）[①] 使用了列昂惕夫逆矩阵分析了高等教育招生规模的扩大所带动的经济增长。马玲、孟冬冬（2005）[②] 从高等教育的消费观点出发，对江苏省高等教育发展过程中的经济直接拉动作用进行了实证研究，得到江苏高等教育对经济增长的直接拉动效应明显的结论。崔玉平等（2006）[③] 对江苏省高等教育规模扩大对短期经济增长的引致效应做出了估算分析并得到一些有意义的结论。

由于相关理论和分析工具的出现，现代学者关于教育对经济增长作用研究，已经形成了相关的成果体系。主要集中在定量研究教育投入对经济增长的长期影响和短期拉动作用方面。随着相关理论更趋完善和计量方法更趋精确，教育对经济增长作用的定量研究已经形成一个重要的研究趋势。

（二）人才集聚对经济增长的作用研究

人力资本对经济增长的作用贯穿于经济增长理论发展的全过程。知识经济时代，人才成为影响经济增长的最重要因素之一已经成为共识。人才对经济增长的作用在人力资本理论发展过程中已经有了很多的研究成果，理论基础部分将做详尽介绍。国内外学者围绕人才集聚这一人才开发战略的重要概念已经进行了颇有意义的研究。早在19世纪90年代，英国著名经济学家马歇尔就论述了人才集聚问题，马歇尔认为，人才集聚的核心是一个点，而不是面。[④] 在马歇尔工作的基础上，西方学者对人才集聚的研究取得了一些较为集中的成果，主要集中在人才集聚影响因素分析、人才集聚效应研究和人才集聚模式研究等方面。[⑤]

---

① 丁小浩、陈良：《高等教育扩大招生对经济增长和增加就业的影响分析》，《教育发展研究》2000年第2期。

② 马玲、孟冬冬：《江苏高等教育对经济的直接拉动效应研究》，《南京审计学院学报》2005年第4期。

③ 崔玉平、李晓文：《江苏省高等教育规模扩大对短期经济增长的效应分析》，《教育与经济》2006年第3期。

④ 毛凯梅：《论人才集聚》，《中外企业家》2012年第7期。

⑤ 王勇：《人才集聚研究综述》，《成才之路》2013年第24期。

1. 很多学者就人才集聚影响因素进行分析，主要集中在产业集聚、环境因素和利益因素三个方面的影响

（1）产业集聚对人才集聚的影响。在经济由以农业为中心向以工业为中心再向以服务业为中心的产业结构转变过程中，劳动力的从业结构中心相应地呈现出由第一产业转向第二产业再转向第三产业的态势。因此，区域的产业结构是人才集聚的重要诱导因素。区域产业集聚形成“中心—外围”模型的原因和物质资本是一样的。人力资本同样具有流动性，从而受产业集聚等因素的影响，产生了空间上的集聚。人才集聚可以培养企业家能力、培育新兴产业和良好的市场环境，这些由于人才集聚产生的结果反过来进一步促进更优的人才集聚。张西奎（2006）①、孙健等（2008）②、刘春梅（2009）③、胡蓓等（2013）④、仇屹珏（2014）⑤、于强等（2014）⑥先后就产业集聚与人才集聚的关系进行研究，主要得出如下结论：

第一，区域产业结构的变化会引起人才流动。比如，随着产业由第一产业向第二产业再向第三产业转移，劳动力相应地呈现出由第一产业流向第二、第三产业的现象。

第二，人才集聚与产业集聚之间存在着互动关系。通过探索区域经济持续发展的内在机理，把人才集聚与产业集聚联系起来考察，发现人才集聚与产业集聚存在着相互催生、相互驱动的关系，人才集聚与产业集聚之间互有反馈作用。

第三，人才集聚的内因是人才的生产要素性质，而人才集聚的

---

① 张西奎：《产业集群　人才集聚与人才引力实证研究》，硕士学位论文，华中科技大学，2006年。

② 孙健、尤雯：《人才集聚与产业集聚的互动关系研究》，《管理世界》2008年第3期。

③ 刘春梅：《科技人才集聚与产业集聚的互动发展研究》，《中国经贸导刊》2009年第22期。

④ 胡蓓、朱朴义：《产业集群　人才集聚拥挤研究》，《科技进步与对策》2013年第19期。

⑤ 仇屹珏：《人才集聚与产业集群互动发展的若干思考》，《人力资源管理》2014年第2期。

⑥ 于强、韩庆璞：《河北省产业集群与人才集聚的互动发展研究》，《经营管理者》2014年第13期。

外因则是人才的趋利性。产业集聚为人才提供了大量的工作机会、较高的收入预期和较好的成长空间。

（2）环境因素对人才集聚的影响。相对于人才集聚的产业集聚影响因素，更多的研究工作聚焦在社会环境的影响方面。人才集聚情况与宏观环境因素之间存在明显的逻辑关系。促进人才集聚的宏观环境因素主要包括区域的政治环境、经济环境、人文环境、就业环境、自然环境等，这些环境因素的相对优越性会大大降低人才流动的社会成本，或是大大提高人才流动的收益预期，从而促进该区域的人才集聚。人才集聚情况除了与宏观环境因素存在逻辑关系，还与微观环境因素有着内在逻辑关系。保罗·克鲁格曼（Paul Krugman）和艾伦·斯科特（Allen Scott）从不同方面阐释了人才集聚的初始诱因。阿隆索（W. Alonso）则认为，家庭与子女的束缚是影响人口迁移的最主要因素之一。阿尔珀罗维奇（G. Alperovich）通过分析得出，区域之间相互作用中心的距离和规模是影响人才集聚的重要因素。

（3）利益因素是影响人才集聚的最根本因素。人才流动的最主要目的是获得更高的经济收入，获得更好的个人发展平台。所以，利益因素是人才流动和人才集聚的根本因素。市场经济条件下，通过市场这只“无形的手”可以对人才配置发挥重要的作用。人才的价值可以通过市场来反映，人才的工资水平既体现了人才这一特殊资源的价格，又反映了人才对于其自身的收益预期。不同行业和不同区域之间的收入水平差异成为人才集聚与否的关键因素之一。

2. 诸多学者就人才集聚效应进行了定性分析和定量研究

（1）人才集聚效应的定性分析。区域人才集聚可以实现技能与知识的溢出效应，在人才之间形成互补和积累效应，使得人力资本驱动区域经济增长的效应大幅扩张，形成人力资本的整体效应大于部分效应之和的效果。张体勤等（2005）[①]、邱琳（2013）[②]、张仁

---

① 张体勤、刘军、杨明海：《知识型组织的人才集聚效应与集聚战略》，《理论学刊》2005 年第 6 期。

② 邱琳：《新中国成立后人才集聚效应及其启示》，《中国人才》2013 年第 6 期。

汉（2013）[①] 等研究表明人才集聚的效应主要包括信息共享效应、知识溢出效应、创新驱动效应、集体学习效应、相互激励效应、绩效提升效应、区位优势效应和规模经济效应等。

（2）人才集聚效应的定量研究。大量实证研究结果表明，人力资本的空间布局是符合"中心—外围"模型的，人力资本的空间分布可以形成集聚效应，即人才集聚效应。"'中心—外围'模型是新经济地理理论中最具代表性的两地区、两部门、两要素的一般均衡区位模型。该模型要回答的一个关键问题是：在两个具有完全相同外部条件的地区，在存在报酬递增、人口流动和运输成本交互作用的情况下，制造业为何会在一些发达地区集中，这样的情形会在什么情况下出现。"[②] 张同全（2008）从集聚规模、人才结构、人才流动、人才成长、虚拟人才、人才使用、人才创新、人才联动、人才吸引力和人才满意度十个方面，构建了一套评价人才集聚效应的指标体系，为科学评价人才集聚效应提出了一个定量研究的尝试。[③]

关于人才集聚对经济增长的作用，现有成果主要集中在人才集聚的影响因素和人才集聚效应方面。考虑人才的流动性因素并将高等教育投入与人才集聚投入共同作用于经济增长情况的研究成果目前相对较少。

（3）共轭理论相关研究。共轭多见于自然科学领域，如数学、物理、化学等学科，主要是用来表示对称、平衡、稳定等自然属性的。哲学社会科学研究领域涉及共轭的成果相对较少。

第一，共轭在自然科学领域中的应用。共轭在数学、物理、化学等自然科学学科领域中都有出现，主要是用"轭"的对称来对本领域的事物、现象和规律进行表征。

其一，数学领域中的共轭。数学中的共轭强调成对出现与对称，

---

① 张仁汉：《人才集聚效应：文化创意产业发展的新引擎》，《浙江经济》2013 年第 9 期。

② 黄基伟、鲁莹：《保罗·克鲁格曼——新经济地理学开创者》，人民邮电出版社 2009 年版，第 123 页。

③ 张同全：《人才集聚效应评价指标体系研究》，《现代管理科学》2008 年第 8 期。

当你知道共轭要素的其中一个时，另一个共轭要素根据共轭运算规则自然就知道了。比如，一对共轭复数 $x+iy$ 和 $x-iy$ 之间的关系，在复平面中，它们互为关于实数轴的镜像。再如共轭矩阵、共轭指数等。

其二，物理领域中的共轭。物理当中的有关共轭现象的描述①，也是表征一定条件下要素的成对出现与对称，类似于数学当中的共轭。如物理极值问题中，一个物理量（设为 y）能取得极大值或极小值，与之相关的另一物理量（设为 x）不断增大时，如果能取极值的物理量 y 是另一物理量 x 的非单调性函数。当物理量 y 等于除极值以外的某一值时，物理量 x 可取两个不同的值与之相对应，当这两个不同的值之和或之积为定值时，这种现象称为共轭现象。物理学中的共轭现象在力学、电磁学、光学等学科中普遍存在。

其三，化学领域中的共轭。化学当中有关于共轭现象②的描述，比如，“共轭电子”的作用，就是使整个分子（系统）动态稳定。即通过共轭电子的作用，将原本不共轭的化学键共轭化，即使分子中电子云密度的分布发生改变（共平面化），内能减少，键长趋于平均化，折射率升高，整个分子更趋稳定。本质上也是强调对称与稳定。

第二，共轭在哲学社会科学领域中的应用。哲学社会科学研究领域关注的现象具有非线性、不可逆性、偶发性等特征。但是，人类社会的日常生活当中共轭现象普遍存在，共轭形态林林总总。人类社会发展过程中的问题，有很多又可以从共轭的视角来认识，用共轭的方法来解决。共轭在这一领域的应用也比较广泛。

其一，非教育领域的应用。李欣复（1985）用“共轭控制和反馈运动”来概括艺术思维中概念与形象两类信息的运动规律与特点③，是我国较早将共轭运用到哲学社会科学研究领域的成果。张

① 曹则贤：《物理学咬文嚼字之四十二：共轭》，《物理》2011 年第 10 期。

② 夏少武、夏树伟：《结构化学》，科学出版社 2012 年版。

③ 李欣复：《论艺术思维的共轭控制与反馈运动》，《齐鲁学刊》1985 年第 6 期。

传彪（1988）[①]、方宗祥（2011）[②] 分别将共轭应用在汉译处理与修辞概念的分析当中。许永刚（1988）[③]、方新琪（1991）[④]、何韧初（1994，2000）[⑤⑥]、陈奕浪（2006）[⑦]、金家胜等（2010）[⑧] 运用共轭控制原理，分别应用在篮球训练、领导决策、艺术思维、课堂教学、生态修复等领域。刘光中等（1994）论述了国民经济最优规划中的共轭问题。[⑨] 黎明华（2006）将共轭效应原理运用在篮球普修术科教学中，实现教学优化。[⑩] 方敏（2007）提出了青藏铁路经济带的“共轭双核结构”空间结构演化模式，以期推动青藏铁路稳定的经济带加速形成。[⑪] 傅毓维等（2007）分析了风险投资与高新技术产业的共轭双驱动机理。[⑫] 张宏乔等（2008）运用共轭思想进行旅游资源的开发与利用。[⑬] 刘拓等（2008）发表的论文《基于系统学原理的企业成长路径共轭机理分析》是共轭理论在经济管理领域

---

① 张传彪：《试谈共轭搭配法及其汉译处理》，《外语研究》1988 年第 4 期。

② 方宗祥：《英语共轭修辞的概念合成分析》，《外语研究》2011 年第 6 期。

③ 许永刚：《体育共轭控制原理在篮球训练中的应用》，《体育科学》1988 年第 3 期。

④ 方新琪：《处理疑难问题的“共轭控制”法》，《领导科学》1991 年第 4 期。

⑤ 何韧初：《菲迪克条款的理论意义——共轭控制论》，《民主与科学》1994 年第 1 期。

⑥ 何韧初：《共轭控制论——贯彻〈会计法〉的方法》，《江海纵横》2000 年第 4 期。

⑦ 陈奕浪：《运用共轭控制原理优化课堂教学》，《职业教育研究》2006 年第 8 期。

⑧ 金家胜、王如松、黄锦楼：《城市生态的共轭调控方法——以门头沟共轭生态修复为例》，科技部、山东省人民政府、中国可持续发展研究会：《2010 中国可持续发展论坛（2010 年专刊）》（一），2010 年。

⑨ 刘光中、罗莉：《国民经济最优规划中的共轭问题研究》，《经济数学》1994 年第 1 期。

⑩ 黎明华：《共轭效应原理在篮球普修术科教学中的运用研究》，硕士学位论文，湖南师范大学，2006 年。

⑪ 方敏：《青藏铁路经济带的空间结构演化模式——共轭双核结构》，《经济地理》2007 年第 4 期。

⑫ 傅毓维、尹航、刘拓、杨贵彬：《风险投资与高新技术产业共轭双驱动机理分析》，《科技管理研究》2007 年第 2 期。

⑬ 张宏乔、田中政、李明霞：《旅游资源的共轭开发构思》，《河南教育学院学报》（自然科学版）2008 年第 4 期。

的继续运用。[①] 张继林（2009）用共轭动力系统分析论述了高等教育专业结构设置管理的实践和理论。[②] 侯佩旭等（2010）运用共轭视角考察了新中国成立后海南岛社会变迁与旅游开发的历史演进。[③] 陈柳钦（2012）运用共轭的视角研究了高新技术产业中的风险投资问题。[④] 陈立言（2012）运用共轭视角分析了马克思主义大众化中的“代言”与“立言”的关系。[⑤] 董岩辉（2014）分析了城市化与房地产业之间相互影响、相互促进的共轭关系。[⑥] 尹科等（2014）基于复合生态功能的城市土地管理，以共轭为分析视角，提出了土地管理模式的五个着手点。[⑦]

其二，教育领域的应用。丁三青（2010）首次将共轭应用到高等教育管理领域，用于关注大学内部治理过程中学术权力与行政权力的关系问题。[⑧] 童海滨等（2012）基于共轭分析理论对大学发展要素进行了研究。[⑨] 阎国华、邹放鸣（2013）运用共轭视角分析了大学人才培养与社会需求之间的适度关系。[⑩] 刘林等（2013）利用共轭视角初步论述并构建了高等教育与人才集聚两种投入的共轭相

---

① 刘拓、朱发根、傅毓维：《基于系统学原理的企业成长路径共轭机理分析》，《科技进步与对策》2008 年第 12 期。

② 张继林：《共轭动力系统分析及其在高等教育专业结构管理中的应用》，博士学位论文，天津大学，2009 年。

③ 侯佩旭、范士陈：《建国后海南岛社会变迁与旅游开发共轭演进的历史考察》，《淮海工学院学报》（社会科学版）2010 年第 7 期。

④ 陈柳钦：《共轭互补的风险投资与高新技术产业》，《科技创业月刊》2012 年第 2 期。

⑤ 陈立言：《论马克思主义大众化中的“代言”与“立言”共轭》，《广西社会科学》2012 年第 7 期。

⑥ 董岩辉：《共轭互补的城市化与房地产业：一个理论解释》，《理论与改革》2014 年第 2 期。

⑦ 尹科、王如松、姚亮、梁菁：《基于复合生态功能的城市土地共轭生态管理》，《生态学报》2014 年第 1 期。

⑧ 丁三青：《大学“被行政化”与“去行政化”》，《中国高等教育》2010 年第 10 期。

⑨ 童海滨、刘晓君：《基于共轭分析理论的大学发展要素研究》，《科技风》2012 年第 18 期。

⑩ 阎国华、邹放鸣：《大学与社会的共轭：人才培养与社会需求间的适度关系研究》，《东北大学学报》（社会科学版）2013 年第 2 期。

关模型，并进行了实证分析。[①] 郭晓（2013）运用共轭研究了艺术教育资源的合理配置问题。[②] 在哲学社会科学研究领域，最早尝试系统地论述共轭理论的文献应当是郭莉（2013）的博士学位论文《当代中国大学学术权力与行政权力的共轭机理研究》，在这篇博士学位论文中，郭莉以丁三青的共轭思想为基础，初步论述了共轭应用现状、共轭的特点以及共轭的内涵，并在此基础上将共轭用来阐释大学学术权力与行政权力的关系。[③]

共轭在哲学社会科学领域虽有学者给予了一定程度的关注，但现有的大多数研究成果是自然科学领域应用的简单推广，目前系统研究共轭的文献还比较少见。

二　研究述评

第一，现有关于教育投入对经济增长作用方面的研究成果，主要集中在定量研究教育投入对经济增长的长期影响和短期拉动作用方面。从新的世纪之交开始，随着计量方法在这一领域的运用，关注教育投入对经济增长作用的定量研究成果开始涌现，并形成一个重要的研究趋势。通过梳理相关研究发现，已有研究成果主要存在两个较为明显的不足：一是在研究教育投入对经济增长的贡献时，主要是研究凝结在人力资本中的教育对经济增长的贡献，凝结在人力资本中的教育投入由于人力资本的流动性，并不是该区域原来的教育投入，从而使得研究结论对区域教育投入政策制定的指导意义被削弱；二是在定量研究区域教育直接投入对经济增长的作用时，相当多的成果采用计量分析的方法仅直接将某一区域内这两个数据联系，忽略了人力资本流动性造成的教育投入的迁进迁出，使得研究本身缺乏事实逻辑上的合理性与科学性，其结论是值得怀疑的。

---

① 刘林、郭莉、李建波、丁三青：《高等教育和人才集聚投入对区域经济增长的共轭驱动研究——以江浙两省为例》，《经济地理》2013 年第 10 期。

② 郭晓：《共享　共轭　共振：平衡配置艺术教育资源的学术探析》，《艺术教育》2013 年第 4 期。

③ 郭莉：《当代中国大学学术权力与行政权力的共轭机理研究》，博士学位论文，中国矿业大学，2013 年，第 54—60 页。

高等教育投入是教育投入的一部分，存在同样的问题。

第二，现有关于人才集聚投入对经济增长的作用研究，主要集中在人才集聚的影响因素和人才集聚效应方面。人才集聚的影响因素主要包括产业集聚、环境因素和利益因素；人才集聚效应主要包括信息共享效应、知识溢出效应、创新驱动效应、集体学习效应、相互激励效应、绩效提升效应、区位优势效应和规模经济效应等。考虑人才的流动性因素并将高等教育投入与人才集聚投入共同作用于人才进而促进经济增长情况的研究成果目前相对较少。

第三，共轭在哲学社会科学领域中的研究成果并不多见，但已有学者给予了一定的关注，并且有了一定数量的研究成果。只是现有共轭在哲学社会科学领域中的大多数研究成果是自然科学领域应用的简单推广，主要是利用共轭的基本特征来解释哲学社会科学领域中的现象与解决哲学社会科学领域的问题。目前系统研究共轭的文献还比较少见，有必要进行共轭理论的系统论述。

第四，由于人才的流动性特征，在考虑区域经济增长的时候，人才集聚投入必然纳入考量高等教育投入对经济增长的作用上来。当区域总投入和其他投入既定的前提条件下，高等教育与人才集聚两种投入对区域经济增长如何驱动就成为一个很有价值的问题。随着数学方法的发展及其在哲学社会科学研究领域中的应用不断普及，人们越发关注区域内直接的高等教育投入与人才集聚投入之间关系问题，以及高等教育与人才集聚两种投入对经济增长的作用问题。这确实是一个值得深入探讨的学术问题，也是政府有关部门进行科学决策急需解决的现实问题，同时也已成为一个重要的研究趋势。高等教育投入为全人类培养人才，是人才积累的重要基础，是履行区域责任和义务的体现；人才集聚投入为区域经济增长迅速集聚大量人才，是区域对投入效率的诉求。共轭视角是研究系统要素复杂关系的一个独特视角，可以作为研究高等教育与人才集聚两种投入如何驱动经济增长的新的视角尝试。本书将在考虑人力资本流动性及人力资本形成时滞性等要素，用共轭这一新视角，尝试将高等教育与人才集聚两种投入对区域经济增长的作用研究推向一个新的阶段。

第二章　理论基础

创新性的研究离不开已有研究成果所建立的基础，无一例外。只是研究问题不同，则涉及的理论基础和研究方法也不同。根据本书聚焦的问题，涉及的理论基础主要有高等教育哲学、人力资本理论、新经济地理理论和共轭理论。

本章内容安排如下：首先，介绍走向交往实践的高等教育哲学，阐明高等教育与人才集聚两种投入均是涉及多极主体价值渗透的交往实践活动，为共轭参照点的选择、共轭模型的构建等提供理论基础；其次，介绍人力资本理论，为强调影响人才供给的高等教育投入和人才集聚投入的重要性提供理论基础；再次，介绍新经济地理理论，为集聚相关的问题提供理论基础；最后，介绍共轭理论，为阐明共轭视角提供理论基础。

第一节　高等教育哲学

一　高等教育哲学的研究之初

高等教育哲学在不同历史时期合法地位的确立依据是不同的。中世纪大学的存在，因以满足社会的专业需求、对理性的追求和对知识的传播、对人才的培养和对人性的尊重，而使高等教育哲学兼具政治论和人本论的一些基本特点。但中世纪作为大学的初创阶段，明显处于支配地位的高等教育哲学尚未出现，支撑大学存在的高等教育哲学还处于混沌状态，系统的高等教育哲学体系还没有出现。文艺复兴时期，人文主义运动对当时的大学产生了深远的影响，对人性的尊重以及对整个人类的关注，是这一时期文化观念的核心。受此影响，“人本论”高等教育哲学占据了主导局面，结束了高等教育哲学的混沌状态。人本论高等教育哲学主张从教育内部去考察教育的特点与规律，强调教育必须“以人为本”。这也就是教育人本论的核心思想。科学教育阶段，高等教育哲学由认识论逐渐取代人本论并占据了主导地位。认识论高等教育哲学秉承古希腊“知识即目的”的理性追求，把研究“高深学问”作为主要任务，崇尚“学术自由”、“学术自治”、“学术中立”的“学者人格”。技术教育阶段，是政治论的高等教育哲学占统治地位的时期，其中高校的社会服务功能是政治论的高等教育哲学的具体体现。然而，高等教育哲学的发展阶段并不是很容易被清晰划分的，不同时期占主导地位的高等教育哲学一直没有，也无法排除其他非主导地位的高等教育哲学的共同“在场”。事实上，无论有没有明确的高等教育哲学文本出现，高等教育哲学都历史地、具体地、事实地存在，自始至终对高等教育研究与实践发挥着基础性与指导性作用。第一部高等教育哲学著作应当是卡尔·雅斯贝尔斯的《大学之理念》（1923）①，但在高等教育哲学研究领域，影响最为广泛的当属布鲁贝克 1978 年出版的《高等教育哲学》，它是西方第一部以高等教育哲学为书名的专著。② 在广为传播的布鲁贝克的“认识论”哲学与“政治论”哲学之后，国内学者张楚廷（2007）③ 提出的“生命论”哲学，在国内高等教育哲学研究领域也产生了广泛的影响。至此，我国高等教育哲学研究进入了一个崭新的阶段。

---

① 张楚廷：《评布鲁贝克的“中心论”》，《高等教育研究》2013 年第 3 期。

② ［美］布鲁贝克：《高等教育哲学》，王承绪等译，浙江教育出版社 1987 年版，第 3—352 页。

③ 张楚廷：《张楚廷教育文集》第一卷，湖南教育出版社 2007 年版，第 6—28 页。

二　高等教育哲学的研究现状

（一）高等教育哲学研究由经典解读、反思与批判走向理论自觉

在高等教育哲学经典解读、反思与批判方面，徐小洲等（2001）[①]、马廷奇（2002）[②]、樊杰（2012）[③]分别撰文专题就布鲁贝克的《高等教育哲学》进行了中国语境下的解读，肯定了其对中国现阶段高等教育的哲学意义。李俊（2008）[④]撰文对我国学者张楚廷的《高等教育哲学》进行了解读。李福华（2003）[⑤]、李志峰（2006）[⑥]、彭红玉（2007）[⑦]、郭芳芳（2008）[⑧]、母小勇等（2012）[⑨]在批判布鲁贝克"两论"的基础上都强调高等教育的"人本"哲学观点。在高等教育哲学研究的理论自觉方面，除了张楚廷（2004）提出的"生命论"哲学，张洪志等（2005）[⑩]在《道德论：高等教育哲学发展的新阶段》一文中提出，面对新的道德伦理问题，高等教育必须做出回应并将"道德论"高等教育哲学纳入整个高等教育哲学体系中来，从而使高等教育在不断自我完善和发展的同时，发挥它对人类、对自然界以及对整个生态系统实现最终统合中的作用。杨红霞（2006）[⑪]在《高等教育哲学基础的拓展》

---

① 徐小洲、王晨：《西方高等教育认识论的哲学基础》，《教育研究》2001 年第 8 期。

② 马廷奇：《冲突与整合：西方两种高等教育哲学观的演变》，《江苏高教》2002 年第 3 期。

③ 樊杰：《实用主义哲学视野中的高等教育——关于布鲁贝克和他的〈高等教育哲学〉》，《湖南师范大学教育科学学报》2012 年第 5 期。

④ 李俊：《本土高等教育哲学的个性特征——读张楚廷教授的〈高等教育哲学〉》，《高教探索》2008 年第 4 期。

⑤ 李福华：《高等教育哲学基础新探——兼评布鲁贝克高等教育哲学基础观》，《华东师范大学学报》（教育科学版）2003 年第 12 期。

⑥ 李志峰：《西方高等教育哲学观的反思与批判——兼评布鲁贝克高等教育哲学观》，《现代教育科学》2006 年第 5 期。

⑦ 彭红玉：《高等教育哲学与高等教育研究的创新发展——中美两部〈高等教育哲学〉的启示》，《煤炭高等教育》2007 年第 4 期。

⑧ 郭芳芳：《高等教育哲学应走向人——对布鲁贝克高等教育哲学观的质疑》，《太原师范学院学报》（社会科学版）2008 年第 4 期。

⑨ 母小勇、韦剑剑：《论高等教育哲学的人学基础》，《教育研究》2012 年第 12 期。

⑩ 张洪志：《道德论：高等教育哲学发展的新阶段》，《石油教育》2005 年第 2 期。

⑪ 杨红霞：《高等教育哲学基础的拓展》，《清华大学教育研究》2006 年第 1 期。

中提出，随着社会和高等教育的发展，除认识论和政治论外，高等教育的产业属性和营利性特征已经事实存在，认为“资本论”是高等教育另一个重要的哲学基础。周光迅（2006）① 在《高等教育哲学的逻辑起点》中从教育与哲学的关系着眼，将“智慧论”作为高等教育哲学的逻辑起点，认为认识论、政治论、人本论，都必须首先让人拥有一种大智慧，即引导人类文明健康理性发展的大智慧，而这正是高等教育存在和发展的最高使命。杨杏芳（2010）② 在《论高等教育的科技哲学基础——兼论从科技哲学的视域实现对布鲁贝克经典的超越》一文中从高等教育学与科学哲学之间的学科交叉开始，通过学理论证和事实论证尝试建立了高等教育的“科技论”哲学。

（二）高等教育哲学观的多元现状与统一的再反思

伴随着高等教育哲学历史语境的不断变化，人们对高等教育的哲学认识也在不断发展，学者们越来越倾向于认为，“在高等教育系统中，指导高等教育研究与实践的高等教育哲学多元共存”③，“多元哲学观的并存是高等教育发展的必然趋势”。④ 即认为“认识论”与“政治论”、“生命论”、“人本论”、“道德论”、“资本论”、“智慧论”、“科技论”以及其他高等教育哲学的共同存在是“合法”的。然而，哲学研究的最终目标是由原有的“最一般”向新的“最一般”发展。学者们在对已有的高等教育哲学的解读、反思、批判与重构的过程中，都试图促使高等教育哲学不断进阶到新的“最一般”。多元不是“最一般”的终极表述，统一的多元才具备

① 周光迅：《高等教育哲学的逻辑起点》，《高等教育研究》2006 年第 12 期。

② 杨杏芳：《论高等教育的科技哲学基础——兼论从科技哲学的视域实现对布鲁贝克经典的超越》，《江苏高教》2010 年第 3 期。

③ 李志峰：《西方高等教育哲学观的反思与批判——兼评布鲁贝克高等教育哲学观》，《现代教育科学》2006 年第 5 期。

④ 万梅：《多元哲学观的并存：高等教育发展的必然趋势》，《现代教育科学》2008 年第 2 期。

“最一般”的特征。张洪志（2006）[①] 提出“类本论”高等教育哲学思想，认为“类本论”使高等教育摆脱非此即彼的困境，高等教育不再仅仅为个人、为知识或为社会而存在，而是为了“健全的社会”的建立而存在，出现了全面融合高等教育哲学的尝试。但这里的“类”仅仅表述了高等教育的主体——“人”这一个方面，强调主体之间的交往，并没有能够将高等教育这一客体中介与相关主体的交往关系融合到整个高等教育实践活动图景中来。那么，当代有没有一个趋向“新的最一般”的高等教育哲学来统一现存的和即将出场的多元高等教育哲学？高等教育哲学历史地呼唤研究范式的创新。

三　走向交往实践的高等教育哲学

（一）高等教育哲学研究的当代语境

第一，当今时代是以网络信息技术和便携式智能终端为主要特征的信息化时代，信息化使全球化呈现出扁平的微型化特征。人们的交往方式和交往时空范围原本在现实的物理世界中受交往工具和通信手段等诸多因素的制约历史，现在因网络信息技术和智能终端的“横空出世”和快速发展与应用而不复存在。网络信息技术和智能终端直接打破了现实生活世界中的交往障碍，其具有的自由性、智能性、便捷性和全球性正深刻地影响和改变着人们的交往模式，使人们能够在扁平的、微型化的网络信息世界中更加自由、快捷和高效地进行交往活动，为全球性、全民性的普遍交往的实现提供了可靠的物质基础和技术保障，从而掀开了人类全新的交往里程。

第二，我国市场经济的深入改革和全面发展在为人们提供丰裕的物质生活的同时，也引发了人们深层次的价值观念的变化。思想支配行为，价值观念对处于社会转型时期人们的主体意识的变化起着重要的影响作用，体现着人的本质力量在现实生活世界中的对象化。人们的利益意识和主体意识内在地联系在一起，并构成了人们

---

① 张洪志：《西方高等教育哲学的历史演变》，硕士学位论文，华中科技大学，2006年，第1—26、35页。

价值观念结构中彼此不可疏离的两个核心。伴随着我国深刻的社会转型和秩序变革，人们的利益意识和主体意识也呈现出一种觉醒状态和不断地发展过程，在价值观念中主体意识的支配下，平等交往已然成为人们普遍接受的价值共识之一。

第三，知识经济社会的来临和快速发展，使高等教育与整个社会系统之间的交往联系变得愈加密切。高等教育已经从最初的象牙塔融入并处于整个社会发展的中心位置。与高等教育相关的主体也呈现出多极化的发展态势，呈现出异质性，其利益诉求则呈现出多样性。总之，如今是一个越来越多的有着平等交往意愿的交往主体，凭借着便捷、高效的交往方式与方法，怀着对高等教育寄予的不同期许，对高等教育提出了不同的利益诉求。满足不断增多的诸多主体对高等教育发展的不同期许与诉求是当代高等教育哲学必须面对和回答的现实问题。在回答这一现实问题的高等教育研究与实践中，有必要了解并掌握反映不同主体期许与诉求的高等教育哲学。无论持哪种高等教育哲学观的主体都会与持其他高等教育哲学观的主体通过高等教育产生关联。高等教育哲学的现时语境呼唤高等教育哲学研究的范式创新。

（二）高等教育哲学研究的范式创新

高等教育哲学研究要不断克服思维方式的惯性，敢于反思、批判与创新。批判不是非此即彼的，而是既非此也非彼的辩证批判。能否将多元高等教育哲学观融合，恰当表征高等教育哲学体系及其特征呢？任平（1999）在《走向交往实践的唯物主义》一文中自问自答地给出了一个令人惊喜的、颇有价值的哲学研究视域：“展望21世纪的哲学走向，学界无可回避地面临这样一个重大问题：什么将成为中国与世界多元哲学交汇的中心视界或主要趋向？……‘交往实践的唯物主义’将可能成为21世纪的哲学主导范式。”“所谓交往实践，是指多极主体间通过改造或变革相互联系的客体（的）中介而结成网络关系的物质活动。而交往实践观，即运用交往实践来反思和把握人类社会的观念……”[①] “交往实践的唯物主义”是21世纪的哲学主导范式，更是高等教育哲学的主导范式。这里尝试给出在交往实践观下对高等教育的认识：交往实践观下的高等教育是指诸主体通过反思和把握高等教育领域里发生的事实和思想，改造或变革与高等教育活动密切关联的客体中介，实现多重整合与多向建构并结成多维网络关系的实践活动。具有客体中介属性的高等教育在交往实践中是作为一种对象化的中介或中介化的对象而存在的，与高等教育活动相关的客体中介是指高等教育主体改造或变革的高等教育的实践对象，包括人才培养、科学研究、服务社会、文化传承等。作为对象化客体中介的高等教育是诸主体认识、改造和作用的对象，而作为中介化对象的高等教育又是交往主体与另一极交往主体价值关系存在的纽带。高等教育诸主体是指与高等教育实践活动相关的个体或群体，比如，政府、高校、社会、学生等。高等教育诸主体之间存在着纷繁复杂的交往实践关系，诸主体内部诸要素之间也不断地解构和重构着复杂的交往实践关系。“交往实践是一个‘主体—客体—主体’的三式结构，其中每一个主体都直接面对客体中介，因而多元主体可以对峙而立，使之在逻辑上成为可能。”[②] 这种交往实践观有利于克服传统实践观的“主体—客体”两级模式，“主体—客体—主体”的三式结构是高等教育对象化活动和交往实践的有机统一，用这种结构模式可以更真实、更科学地反映和概括高等教育诸主体间在物质和精神等方面存在的交往实践和双向及多向的互动过程。高等教育任一相关主体都可以与作为高等教育对象化的客体中介构成主客体关系，诸多主体可以同时通过高等教育对象化的客体中介联系起来，形成“主体—高等教育”、“主体—主体”的双重关系的统一。走向交往实践的高等教育哲学可以统领多元的高等教育哲学体系，使之趋向新的“最一般”的高等教

---

① 任平：《走向交往实践的唯物主义》，《中国社会科学》1999年第1期。

② 任平：《创新时代的哲学探索——出场学视域中的马克思主义哲学》，北京师范大学出版社2009年版，第4页。

育哲学。

（三）交往实践观下高等教育的质性分析

1. 多极异质性：交往主体的质性规定

信息化、网络化、移动终端智能化的自由开放性、全球共享性和即时传输性等信息网络时代特征都让高等教育诸主体间的交往实践变得更加便捷，高等教育由以前的象牙塔跻身到如今的社会中心不是偶然的，而是不断增加的多极主体间交往实践关系发展的必然结果。高等教育的多极异质性是指在高等教育这一交往实践活动中共同作用于高等教育的操作者和交往者是不同的。高等教育多极主体是指与高等教育相关的利益个体或群体，他们彼此之间存在差异，并通过高等教育实践的返身性不断达成自身的自我重构，形成独具个性的多极主体形态，这种多极主体形态不仅有类别上的差异，还有层次上的差别。

目前，我国与高等教育这一实践活动客体中介密切关联的主体主要有政府、社会、高校和学生等。政府主要代表公共利益诉求，以政治论为主要哲学基础。高等教育具有培养解决国家和社会复杂问题能力的人才和服务社会的功能，政府也将高等教育作为政治的一个重要分支来看待，认为高等教育是维护和巩固其统治的知识之翼。社会主要代表公平效益诉求，以道德论为主要哲学基础。高等教育不仅仅是以政府为代表的特权阶层自我服务和自我维护的需要，它也是一种从公众利益出发，获得新知识以改进人们物质和精神生活条件的方式方法。高校以追求真理为主要诉求，以认识论为主要哲学基础。高等教育与初等、中等教育最大的区别在于其研究高深的学问，因为“高深学问忠实于真理，不仅要求绝对忠实于客观事实，而且要尽力做到理论简洁、解释有力、概念文雅、逻辑严密。”学者在要求确保他们享有追求复杂深奥的高深学问的自由，及其学术研究活动也只服从于真理标准的同时，也坚持认为，高等教育理应是工具理性与价值理性的辩证统一。学生主要代表人本诉求，以人本论为主要哲学基础。我国高等教育在实际教育过程中存在着强调意识形态建设的工具价值而遮蔽其人本价值的倾向，片面追求意识形态建设需要，刻意强调集体意识与思想统一，忽视高等教育学生主体的个体意识与利益诉求，对高等教育学生主体的日常认知图式和精神世界缺乏了解和沟通，片面强调“应是”的单向理论灌输，缺乏“实是”的思想引导和对日常生活世界的现实关照，漠视高等教育学生主体真实的生活需求和精神发展需要。这种工具化的意识形态灌输教育将内含人文和生活底蕴的高等教育要求和目标抽象为远离日常生活世界的空洞教条和政治口号，遮蔽了高等教育本来有的人文关怀和主体关照，而代表人本诉求的学生主体对作为客体中介的高等教育的理解和认同“是与其自身作为‘我是什么’和‘某某之于我有什么意义’这个自我肯定和现实需要的前提性基础密切关联。”① 这里需要补充说明一下，政府、社会、高校和学生等主体虽然以某一高等教育哲学观为主要基础，但他们并没有也不可能完全否定其他高等教育哲学观。

2. 社会交往性：诸主体间的共同交往

高等教育本质上就是一种交往实践活动，高等教育交往实践的基本结构是“主体—客体—主体”的三式结构。高等教育实践活动中，高等教育诸主体在与具有客体中介属性的高等教育发生“主体—客体”互动关系的同时，还受到其他高等教育主体间在交往实践中形成的“主体—主体”关系的影响和制约，诸主体对高等教育客体中介的认识和改造活动都是处于以高等教育为客体中介的诸主体的交往实践关系中。因此，当诸主体在认识、改造和变革共同的高等教育客体中介时，也在直接或间接地发生和实现着“主体—高等教育—主体”的双边和多边的交往实践关系。在此意义上，可以将高等教育交往实践系统理解为“高等教育主体—作为客体中介的高等教育”和“高等教育主体—高等教育主体”双重关系结构的有机统一。这种统一的“高等教育主体—作为客体中介的高等教育—高等教育主体”三式结构有利于吸收现代哲学（主体—客体）和后现代哲学（差异性多元主体）关系结构的合理成分，同时有利于克服

① 张元：《自我认知的实现路径》，《宁夏社会科学》2013 年第 5 期。

现代哲学的单一主体性和后现代哲学崇尚多元性、差异性及主体际性的无底板客体的多元主体性等缺陷，从而为弥补和超越两者，提供了一种新的思路和新的视野。

交往实践观下的高等教育诸主体通过以高等教育为客体中介的实践活动相互结成交往实践的网络关系系统。从内在结构来看，与高等教育实践活动相关的主体，都以高等教育为对象化的客体中介，形成一种对象性的“主体—高等教育”的主客体关系，“主体—高等教育”关系成为“主体—高等教育—主体”结构中的一个极为重要的环节，高等教育诸主体通过共同的客体中介而相互影响和发生作用。诸主体在高等教育实践活动中通过改造或变革高等教育这一共同的客体中介而实现诸主体间的多重整合和多向建构，构成一个交往共同体。高等教育诸主体的多重整合是指在“主体—高等教育—主体”三式结构的交往实践整合过程中产生的高等教育主体系列和客体序列，形成和发展为参与高等教育实践活动和公共交往的多极性主客体。同时，与生成高等教育多极主体系列相对应，高等教育诸主体在交往实践整合中生成高等教育交往关系系列，即高等教育领域内的诸主体和作为客体中介的高等教育相互之间通过进行交往实践而形成交往规范和交往格局。我国“服务国家特殊需求博士人才培养项目”、“2011 计划”是在国家战略层面上，让更多的主体与高等教育产生紧密联系。高等教育成为整个经济社会发展中的一个重要实践活动，高等教育诸主体通过作为客体中介的高等教育而实现共同交往，充分体现出高等教育的社会交往性特质。

3. *在场统一性：多极主体的和谐互动*

高等教育诸主体通过对客体中介化的高等教育不断地解构与重构，同时也对通过高等教育交往实践活动的返身性不断地进行自我解构与重构。交往实践是高等教育诸主体和高等教育客体中介在动态的发展过程中得以解构和重构的基础和动力源。在高等教育诸主体交往实践以及诸主体与作为客体中介的高等教育的交往实践过程中，高等教育的边界越发模糊，交往的规模和时、空间范围也在不断扩大，诸主体呈现出不断的多极化和异质化。任一主体在交往实践过程中必然会切实地与另一极主体相遇，高等教育诸主体的不断“出场”构成了不断更新的诸主体的共同“在场”，形成了一种依赖于高等教育交往情境和实践语境的“场依存性”，从而让高等教育诸主体与作为客体中介的高等教育的交往实践创造了一个历史的、现实存在的交往共同体。高等教育交往共同体的应然价值与实然存在是不同的，这种交往共同体是指涉及高等教育诸主体、客体中介、客体化的主体，以及主体化的客体等存在形式的总和。卡西尔指出：“人只有以社会生活为中介才能发现他自己，才能意识到他的个体性。”① 由此，可以这样认为：高等教育诸主体与作为客体中介的高等教育在交往共同体中通过交往实践而不断地自我解构与重构。

走向交往实践的高等教育哲学可以使具有多极化和异质化的交往主体在交往共同体中相互对话和彼此交往，并逐渐理解、认同和达成共识，通过高等教育诸主体的多重整合与双向建构以形成一种具有合理性和合法化的交往实践规则。这种交往实践规则既要尊重高等教育客观事实，即预设规范须尊重事物的客观必然性；同时，交往实践规则必须对高等教育诸主体以及作为客体中介的高等教育具有价值意义，即现实规范必须让诸主体和高等教育客体中介在交往实践中获得一种存在意义、生活意义和价值意义。高等教育诸主体在交往实践过程中既相互制约又相互促进，缺少任一极交往主体的高等教育实践活动在当代语境下都将是不完整的高等教育。高等教育诸主体的交往实践必须紧扣我国差异性社会形态和高等教育发展的实际情况，包容个性，尊重差异，遵循交往实践观下的高等教育哲学，围绕自身对高等教育的实践目标，努力达成一种处于进步和上升趋向的状态，并在交往实践和动态发展过程中保持一种协调性、均衡性和同一性的动态平衡的高等教育发展路径。政府、社会、高校和学生等主体在高等教育交往实践中不断进行博弈，共同影响高等教育实践活动，使高等教育在不断失衡的调整过程中趋向

---

① ［德］恩斯特·卡西尔：《人论》，上海译文出版社1985年版，第282页。

新的平衡，实现多极主体的和谐互动。

总之，高等教育哲学的交往实践观，不是已有多元高等教育哲学体系中新生的一元，而是洞察当代整个高等教育哲学的新视野，是高等教育哲学研究的新范式。它在更高的层次上重新审视了高等教育，把高等教育这一实践活动用“交往实践”作了更为合理、更为全面的诠释。已有多元高等教育哲学是多极相关主体进行高等教育理论研究和实践的指南，多极主体秉承的多元高等教育哲学，在高等教育交往实践中不断地对话与交流，历史必然地需要一种新的哲学视界来进行融合。在这一融合的过程中，交往实践观应当是一种可供选择的理论范式。另外，需要说明的是，交往实践观下的高等教育哲学在融合现有多元高等教育哲学的时候并不是否定高等教育多极主体所秉承的高等教育哲学的多元性，而是在更高层次上肯定和统一了多元高等教育哲学体系存在的合理性。

《国家中长期教育改革和发展规划纲要（2010—2020年）》第四十条指出：“完善中国特色现代大学制度。完善治理结构。公办高等学校要坚持和完善党委领导下的校长负责制。健全议事规则与决策程序，依法落实党委、校长职权。完善大学校长选拔任用办法。充分发挥学术委员会在学科建设、学术评价、学术发展中的重要作用。探索教授治学的有效途径，充分发挥教授在教学、学术研究和学校管理中的作用。加强教职工代表大会、学生代表大会建设，发挥群众团体的作用。”① 现代大学制度涉及规范和理顺大学与政府、大学与社会的关系，涉及大学内部治理结构的完善和改革。现代大学制度的构架包括两个层面，即宏观层面（学校与外部的关系）：政府宏观管理、市场适度调节、社会广泛参与、学校依法自主办学；微观层面（学校内部）：党委领导、校长负责、教授治学、民主管理。现代大学制度是多极相关主体在高等教育这一交往实践

① 《国家中长期教育改革和发展规划纲要（2010—2020年）》，http：//www. moe. edu. cn/publicfiles/business/htmlfiles/moe/moe_ 838/201008/93704. html，2015年11月20日。

活动过程中，明晰了多极主体的“权、责、利”，充分体现了高等教育的多极主体性，明确了多极主体的交往规则，是多极主体交往实践活动顺利进行并趋向新的平衡的规范性制度设计。

第二节　人力资本理论

一　人力资本思想的产生

最早的人力资本思想，可以追溯到古希腊思想家柏拉图（Platon，约公元前427至公元前347年）的著作，柏拉图在其著名的《理想国》中论述了教育（训练）的经济价值。[①] 弗朗斯瓦·魁奈（Francois Quesnay，1694－1774）是最早研究人的素质的经济学家，作为法国重农主义的代表人物，魁奈认为构成国家财富的是人。英国古典经济学的创始人威廉·配第（William Petty，1623－1687）是最先提出和论证劳动决定价值思想的经济学家，配第首次运用了人力资本思想，奠定了劳动价值论的基础，并认为土地是财富之母，劳动是财富之父。配第认为由于人的素质不同，所以才使劳动能力有所不同。当然，配第的劳动价值论还处于萌芽形态，有许多地方还要商榷。[②]

经济学鼻祖应当·斯密（Adam Smith，1776）是第一个将人力视为资本的经济学家。在其著作《国富论》中[③]，斯密肯定劳动可以创造价值，并认为劳动在各种资源中具有特殊地位，在此基础上提出了劳动技巧的熟练程度和判断能力的强弱，必然会制约人的劳动能力与水平，而劳动技巧的熟练水平要经过教育培训才能提高，教育培训是需要花费时间和支出费用的。亚当·斯密认为经济增长

---

① ［古希腊］柏拉图：《理想国》，黄颖编译，中国华侨出版社2012年版。

② 杨柳新：《人力资本与中国现代化：中国人力资本成长模式研究》，山东大学出版社2003年版。

③ ［英］亚当·斯密：《国富论》，郭大力等译，生活·读书·新知三联书店2009年版。

主要表现在社会财富或者国民财富的增长方面，财富的增长来源主要取决于两个条件：第一，专业分工促使劳动生产率的提高；第二，劳动者数量的增加和质量的提高。

萨伊（Jean Baptiste Say，1803）出版的《政治经济学概论：财富的生产分配和消费》认为，花费在教育（培训）方面的费用总和可以称为“积累资本”，工人受过教育培训，其工作报酬不仅包括劳动的一般工资，还应包括教育（培训）时所付出的资本的利息，因为教育（培训）支出属于资本。① 萨伊提出的“科学知识是生产力的一部分”这一非常重要的思想，具有划时代意义的理论贡献。

李嘉图（David Ricardo，1817）在其著作《政治经济学及赋税原理》一书中继承并发展了斯密的劳动价值学说，指出，“商品的价值量或其所能交换的任何其他商品的数量，取决于其生产所必需的相对劳动量……”② 继承了商品价值量由劳动时间决定的原理，并且指出机器和自然物等是不能创造价值的，只有人的劳动才可以创造出价值，人的劳动是价值的唯一源泉。

穆勒（John Stuart Mill，1848）同样继承了斯密的思想，认为技能和知识都对劳动生产率有重要影响，穆勒强调技能和知识所代表的能力应当与机器、工具一样被视为国民财富的一部分。穆勒在他的经济学著作《政治经济学原理——及其在社会哲学上的若干应用》的第一章论生产要素中指出：“生产要素有两种：劳动和适当的自然物品。劳动或是体力的，或是脑力的。”③ 穆勒还颇具创造性地指出，教育支出可以带来更多的国民财富。

马克思（Karl Heinrich Marx，1867）在《资本论》④ 中把人的

---

① ［法］萨伊：《政治经济学概论：财富的生产分配和消费》，陈福生等译，商务印书馆 1997 年版。

② ［英］李嘉图：《政治经济学及赋税原理》，周洁译，华夏出版社 2013 年版，第 1 页。

③ ［英］约翰·穆勒：《政治经济学原理——及其在社会哲学上的若干应用》，赵荣潜等译，商务印书馆 1991 年版，第 15 页。

④ ［德］马克思：《资本论》，［英］萨缪尔·穆尔、［英］爱德华·艾威林译，世界图书出版公司 2010 年版。

劳动划分为复杂劳动和简单劳动，认为复杂劳动具有更高的价值，是多倍的简单劳动。进而，马克思把科学技术与教育看成是生产力的重要来源，因为科学技术与教育可以提高人的智力和技巧。马克思指出：劳动是创造社会财富最主要的源泉，人类的具体劳动创造了商品的使用价值，抽象劳动创造了商品的价值。尽管马克思没有就人力资本理论进行专门的研究，但他关于劳动的许多观点却是人力资本理论的重要思想基础。

马歇尔（Alfred Marshall，1890）出版的著作《经济学原理》[①]认为，知识财富比物质财富更为重要。马歇尔提出，知识是资本的重要组成部分，是最有效的生产力。在进一步的研究中，马歇尔指出，知识是独立的生产要素，认为教育投入对经济增长起着重要的作用，教育权是社会权利的基本内容之一。马歇尔被舒尔茨称为把人视为资本的少数经济学家中的杰出人物。

费希尔（Irving Fisher，1906）在《资本的性质与收入》[②]一书中首次提出了人力资本的概念，并将人力资本纳入到经济分析的理论框架中。第二次世界大战后，经济学家们取得的研究成果显示，经济增长中总产业增长率大于资本积累与劳动率增长之和，即国民收入的增长速度比用来生产国民收入的土地、劳动和资本存量的增长速度大很多。经济学家索洛（Robert Merton Solow，1957）在检验新古典经济增长模型的时候，发现产出增长超出了资本和劳动投入的增长，出现了87.5%的“余值”[③]，呈现出所谓的“现代经济增长之谜”。另外，华西里·里昂惕夫（Wassily Leontief，1956）在1953年和1956年的两次研究中发现了一个传统贸易理论难以解释的现象：美国这个世界上具有最昂贵劳动力和最密集资本的国家，应以出口资本密集型产品为主，以进口劳动密集型产品为主。但事实恰恰相反，美国出口量最大的是农产品等劳动密集型产品，进口

---

① ［英］马歇尔：《经济学原理》，廉运杰译，华夏出版社2005年版。

② Irving Fisher, *The Nature of Capital and Income*, USA: Martino Publishing, 2009.

③ 黄维德、王达明：《知识经济时代的人力资本研究》，上海社会科学院出版社2012年版，第14页。

量最大的是汽车、钢铁等资本密集型产品。类似地，日本作为一个铁矿资源稀缺的国家，在第二次世界大战后却以出口汽车、船舶等钢铁需求大的产品为主。这被称为“里昂惕夫之谜”。同时，德国、日本两个战败国在战后重新崛起的奇迹也非原有经济学理论能够解释的。传统经济增长理论面对无法解释的“谜团”，使得人力资本理论走向了主流经济学的中心位置，从此经济学家们开始了系统研究人力资本的历程，人力资本理论逐渐形成。

1960 年，诺贝尔经济学奖得主舒尔茨（Theodore W. Schultz），在美国经济学年会上发表演说，第一次系统地阐述了他的人力资本理论，并冲破重重阻力，让人力资本理论成为经济学一门新的分支。1961 年，舒尔茨出版了《教育与经济增长》和《人力资本投资》，1962 年出版了《对人力资本投资的思考》等研究成果，认为人力资本是凝结在从业者身上的知识、技能及其所表现出来的劳动能力，是经济增长的主要因素之一。舒尔茨还进一步研究了人力资本的形成方式与产生途径，并对教育投入的收益率以及教育对经济增长的贡献做了定量分析。从此，学界进入了人力资本理论的研究时代，舒尔茨也因此被称为“人力资本之父”。舒尔茨对人力资本理论发展的贡献主要有：第一，相对明确地提出了人力资本的概念。舒尔茨认为，人力资本是指凝结在人身上的知识、技能、经历、经验和熟练程度等，货币形式表现为提高人口质量，提高劳动者时间价值的各种开支。第二，提出了人力资本的投资范围以及投资内容，包括人力资本成长过程中的卫生保健费、培训费、各类教育投入费用、择业过程中发生的费用以及迁移的费用等。第三，提出了系统的人力资本理论体系，包括：认为知识和能力是一种依附在人身上的资本，表现为人的智力与体力的总和；人力资本需要进行对人的投资才能形成，人力资本投资是效益最好的一种投资形式，在经济增长过程中人力资本的作用大于物质资本的作用；人力资本可以借助数量、质量和劳动时间等指标来进行计量。

明塞尔（Jacob Mincer，1958）在《人力投资与个人收入分配》[①] 一文中运用了人力资本投资的方法来研究收入分配。明塞尔认为，人力资本理论的主要贡献体现在如下三个方面：

第一，把个人收入差别归因于接受正规教育、在职培训和工作中经验积累形成的人力资本差别，并把受教育年限作为衡量人力资本投资的最重要标准，建立了说明人力资本投资与个人收入之间关系的人力资本收益率模型。

第二，把劳动供给理论归入家庭决策，证明了对妇女而言，工资增长的替代效应（用劳动代替闲暇）大于收入效应（收入增加，增加闲暇减少劳动），因此，妇女参工率提高。

第三，证明了男性与女性工资差别不是由于性别歧视，而是由于妇女在生育期间工作中断，由于工作经验积累减少而引起的人力资本增加慢于男性。工资增加率与工作转换率反方向变动。明塞尔的这些研究既有理论模型，又有资料的实证分析，其研究结论影响到经济理论与政策制定。[②]

丹尼森（Edward Fulton Denison，1962）在其专著《美国经济增长的原因与我们面临的选择》[③] 中分析了经济增长因素的五个方面[劳动在数量以及质量上的提高、资本（含土地）在数量上的增长、资源配置能力与水平的改善、规模效益的产生、知识进步及其在生产上的应用]，其中，第一个方面就是劳动在数量上的增长和质量上的提高。丹尼森把劳动的质量划分为三个方面，包括由于正常劳动时间的缩短而引起的劳动质量的变化、成年男工由于正常教育年限的增长而引起的劳动质量的变化、由于年龄以及性别构成的变化和相对于男工说来，女工劳动价值的变化而引起的平均的劳动质量的变化。丹尼森发现，教育年限增加这个因素所占增长的百分比，从1909—1929年的12%上升到1929—1975年的23%，几乎占国民

---

① Jacob Mincer, "Investment in Human Capital and Personal Income Distribution". *Journal of Political Economy*, Vol. 66, No. 4, 1958, pp. 281 - 302.

② 杨河清、胡建林：《劳动经济学》，武汉大学出版社2009年版。

③ 梁小民、姚开建：《西方经济学必读手册》，中国物资出版社1999年版。

总收入全部增长率的1/4。经过分析得出，美国劳动者教育水平的提高（仅指受正规教育年限增加），对1929—1957年美国经济增长的贡献为23%。同时，丹尼森还对知识进步及其应用对经济增长的作用，以及其中教育的作用进行了估算。丹尼森认为，知识的进展与应用同教育密切相关，在很大程度上属于教育的结果，可以被认为是教育投入的间接经济效益。即丹尼森在再次遇到经济增长因素无法解释的困难之时，还是求助于教育的作用方面——教育的间接作用来加以说明。总之，丹尼森在该书中，对舒尔茨论证的教育对美国经济增长的贡献率做了修正，认为投资于“具体”资本的重要性变弱了，而对“人力”资本的投资，或者说投资于接受更好教育的劳动力的重要性变得重要了。

贝克尔（Gary S. Becker，1964）认为，人类行为的所有方面都可以通过经济学的分析方法来加以考察，贝克尔将新古典经济学的基本工具应用到人力资本投资的分析方面，提出了较为系统的人力资本理论框架。贝克尔还把人力资本研究扩展到了家庭经济学，将家庭当中的许多行为看成是与人力资本有关的事项。贝克尔人力资本理论方面的贡献主要集中在：

第一，提出了人力资本理论的基本框架，其中包括人力资本的生产理论、人力资本的收益—分配理论、人力资本与职业选择的问题等。

第二，提出了人力资本投资收益率的计算公式，研究了高等教育的收益率问题，同时还验证了不同教育等级之间的收益率存在差别；将在职培训视为人力资本的重要内容之一。

第三，将家庭在人力资本形成中的地位和作用，以及家庭人力资本的投资问题纳入理论分析并进行了实证研究。

第四，提出了年龄—收入曲线。贝克尔弥补了舒尔茨仅分析教育对经济增长的宏观作用的缺陷，分析了人力资本与个人收入分配的关系。贝克尔的研究特点在于，把表面上与经济学无关的现象同经济学联系起来，并运用数学方法进行定量分析。①

如今，人们普遍认识到人力资本是经济增长的最主要的投入要素，人力资本理论成为经济学的核心问题。人力资本理论告诉人们：

第一，人力资本要素是一切经济增长要素中最重要的要素。

第二，人力资本对经济增长的驱动作用大于物质资本对经济增长的驱动作用。人力资本投资与国民收入呈正相关关系，人力资本投入的增长速度比物质资源的增长速度快。

第三，人力资本最核心的问题不是提高人口数量，而是提高人口质量，教育投入是提高人口质量的重要途径，是人力资本投资的主要部分。不能把人力资本的再生产仅视作一种消费，而应当视作一种投资，人力资本投资的经济效益要远远大于物质投资的经济效益。因为教育是提高人力资本的最重要途径之一，所以可以把教育投资视为人力投资。作为经济增长诸多驱动要素之一的人力资本显然还可以进一步分解为素质不同的人力资本。技术知识程度高的人力资本带来的产出明显高于技术知识程度低的人力资本，技术知识程度高的人力资本需要高等教育投入来实现。

二　人力资本理论的补充

教育经济学是研究教育和经济之间关系的经济学分支学科。研究对象是教育在经济和社会发展中的作用、教育投资的有效利用及其经济收益。其中，教育通过提高人力资本积累影响经济增长是必然谈及的、重要的内容。目前，在教育经济学研究领域，有三种理论影响较大，分别是筛选理论、劳动力市场划分理论和社会化理论，这三种理论是对人力资本理论的补充。

（一）筛选理论

筛选理论的基本思想始于诺贝尔经济学奖获得者斯宾塞

① ［美］贝克尔：《人力资本理论：关于教育的理论和实证分析》，郭虹等译，中信出版社2007年版。

（Spence，1973）提出的信号发送模型中。[①] 斯宾塞认为，劳动力市场存在着信息不对称，雇主没有必要的信息条件准确判断求职者的生产能力。因此，求职者的受教育程度能够作为一种反映其能力的信号，受教育程度越好的人被认为具备更高的能力，因而安排在更重要的位置并获得更高的收入。如今，筛选理论已经由早期的信号发送模型发展出筛选模型、过滤模型、分类模型等多种模型。这些模型的关注点和方法不同，彼此之间存在一定差异，但其核心思想都是一致的，所以都可以统归到筛选理论之下。筛选理论认为，企业主总希望在众多的求职者当中能够较快地选拔出有能力的人到合适的岗位上。但是，面对众多的求职者，企业主并不知道他们的能力到底能否胜任相应的岗位。在不直接掌握求职者能力和水平信息的情况下，需要借助求职者其他的一些可以被观察的特征和属性来反映其能力和水平。这些个人特征和属性分为先天不变的和后天可变的两类。先天不变的特征和属性，如种族、性别、家庭背景等；后天可变的特征和属性，如个人经历、婚姻状况、受教育程度等。先天不变的特征和属性称为“标识”，后天可变的特征和属性称为“信号”，企业主可以根据这些标识和信号，尤其是受教育程度这一信号来了解求职人员的能力和水平。筛选理论把求职者的受教育程度视作重要信息，关注劳动力市场上企业主是怎样挑选人员的。筛选理论与人力资本理论一样，认为受教育程度与工资收入水平是正相关关系，即受教育程度越高，其工资水平就越高。

筛选理论和人力资本理论虽然都认同受教育程度与工资收入水平的正相关关系，但也存在不同的认识。人力资本理论认为，提高了工人的受教育程度就会提高工人相应的劳动生产率，进而工人可以获得较高的工资，遵循“教育—生产率—工资”的逻辑路径；而筛选理论认为教育仅仅是一种反映个人能力的信号，并没有改变生产率，在本质上教育只是信息不对称情况下的一种“信号”，所以

① Michael Spence, “Job Market Signaling”. *The Quarterly Journal of Economics*, Vol. 87, No. 3, 1973, pp. 355 – 374.

教育对经济增长的作用在于筛选作用，遵循“教育—筛选—工资”的逻辑路径。筛选理论得出与人力资本原有理论不同的观点，认为如果企业主对求职者的学历要求超过了实际工作岗位的需要，则越高的受教育程度并不一定能更好地促进经济增长；假如在劳动力市场上工资结构没有发生变化，那么受教育程度的提高未必可以促进社会平等。相反，在工人的选聘过程中如果过分依赖学历文凭依据，如果不能协调好教育与经济发展的关系，不但不会促进经济增长，反而可能会给国家和个人带来不良的后果。如果有较高的教育文凭就可以获得较好的岗位和较高的待遇，那么就会大大刺激高等教育需求，进而可能导致高等教育“过剩”。

另外，企业主通过观察受聘人员的教育情况和实际工作能力与水平之间的关系，对工资水平进行动态调节，进而确定新的招聘标准，个体相应调整自己的教育投入决策，经过不停的反复达成新的均衡状态。受教育程度作为求职人员表达个体能力的信号，教育在经济活动中的价值就是它的筛选作用。筛选理论很好地解释了20世纪70年代以来困扰许多国家和地区的文凭问题。筛选理论正逐渐与人力资本理论走向相互融合。

（二）劳动力市场划分理论

1971年，多林格（Peter B. Doeringer）和皮奥里（Michael J. Piore）共同出版了《内部劳动力市场与人力资源分析》[①] 一书，标志着劳动力市场划分理论正式形成。劳动力市场划分理论认为筛选理论对教育与工资之间关系分析的假设前提不正确，教育程度与收益水平正相关的论断不够全面，没有考虑到劳动力市场的内部结构。劳动力市场划分理论着重分析劳动力市场的内部结构，阐明不同的劳动力在劳动力市场中受到不同的待遇。该理论认为，整个的劳动力市场可以划分为两大部分：第一部分是主要劳动力市场，也称一级市场；第二部分是次要劳动力市场，也称二级市场。主要劳

① Peter B. Doeringer, Michael J. Piore, *Internal Labor Markets and Manpower Analysis*. USA: M. E. Sharpe Inc., 1985, pp. 163 - 183.

动力市场指的是政府部门以及大公司提供的工作岗位，这些工作岗位工资水平高、工作环境好、发展机会多，而且工作相对稳定有保障，要求具有较高的受教育程度、稳定的职业习惯等。次要劳动力市场是指由小公司和小企业提供的工作岗位，这些工作岗位工资水平低、工作环境差、发展机会少，规章制度严厉，工作无保障且流动性大，对受教育程度的要求较低，不要求也不鼓励具有稳定的工作习惯。主要和次要劳动力市场之间的劳动力流动很少。一方面，主要劳动力市场中的失业者虽然可以到次要劳动力市场上实现就业，但由于主要和次要劳动力市场所能获得的利益具有明显差别，同时一旦进入次要劳动力市场，再返回主要劳动力市场就会变得异常困难，所以从业者即使在主要劳动力市场丢失工作，也不愿意在次要劳动力市场就业。另一方面，次要劳动力市场的从业者虽然对自己所从事的工作不满意，并经常变换工作岗位，但由于长期从事次要劳动力市场的相关工作，他们已经适应了次要劳动力市场的行为特征，很难直接转换并进入主要劳动力市场。所以，主要劳动力市场和次要劳动力市场存在着很强的分割性特征，这种分割性特征加剧了主要劳动力市场当中的就业竞争与就业压力。

从业者受教育程度的高低是主要和次要劳动力市场划分的主要依据。受教育程度的高低既构成了主要和次要劳动力市场的重要条件，又是主要和次要劳动力市场划分的重要标志。个人受教育程度的经济价值体现在其决定了一个人将在哪部分劳动力市场工作；整个教育的经济增长价值体现在其把从业者分配到了主要和次要两个不同的劳动力市场。受教育程度相对较高的人，一般会进入主要劳动力市场从业，教育程度与工资水平之间呈现出正相关关系。受教育程度相对较低的人，一般会进入次要劳动力市场，教育程度与工资水平之间没有显著的正相关关系。1999 年我国高等教育扩招后出现的大学生就业“困难”现象，可以通过劳动力市场划分理论进行很好的解释。

西方一些激进学者对劳动力市场划分理论予以了肯定，认为劳动力市场划分理论揭示出教育的扩张并没有能够改变不同阶级、不同集团之间收入不平等现象。当然，也有学者认为，劳动力市场划分理论对教育与经济之间关系的阐述是不全面的。

（三）社会化理论

社会化理论被认为是一种比较激进的理论，该理论认为，教育最主要的功能是维护资本主义经济制度的生存和发展。鲍尔斯和金迪斯（Samuel Bowles and Herbert Gintis，1976）因合作完成的著作《资本主义美国的学校教育：教育改革与经济生活的矛盾》[①] 而成为社会化理论的创始人。《资本主义美国的学校教育：教育改革与经济生活的矛盾》一经出版，就受到了西方教育研究领域的重视，在教育哲学、教育经济学、教育社会学等领域产生了强烈的反响，成为较为激进的社会学家和经济学家的教育经典著作，并逐渐形成了备受关注的社会化理论。社会化理论借用西方新马克思主义的观点和方法，重视教育在维持资本主义经济制度方面的作用，得出教育的经济功能来源于其社会功能。教育的社会功能要远远超过教育在推广知识、提高技能方面对经济的影响。人力资本理论认为教育可以通过推广知识、提高技能来影响生产效率，但在社会化理论看来，这一观点是错误的。因为在当时的美国，很多工作实际上并不需要具有较高的受教育程度所提供的知识和技能，从业者工作表现的好与坏，主要体现在从业者本身非知识和技能方面的其他要素，教育仅是培养这些非知识和技能方面要素的重要手段而已。

在资本主义社会，社会被结构性划分为不同等级，从业者具有明确的社会分工，不同的个性特征与不同的工作需要相对应。相对高级的职业，如企业经理等工作，需要从业者具备独立自主、自尊上进、勇于创新等个性特征与之相对应。相对低级的职业，如普通工人等工作，则需要绝对服从、守时遵规等个性特征与之相对应。所以，要使得经济活动顺利进行，就需要把具有不同个性特征的从业者安排在相应的不同岗位。不同的个性特征并不都是天生的，有

① Samuel Bowles，Herbert Gintis，*Schooling in Capitalist America：Educational Reform and the Contradictions of Economic Life.* USA：Routledge & Kegan Paul，Limited，1976.

些可以通过教育活动进行系统培训而获得。教育所具有的这种社会化功能是个性差异化的社会化过程。一般来说，受教育者的背景不同会影响教育的社会化功能，经济条件更好的资产阶级的子女具有更多的机会接受一流教育，并培养出其独立自主、自尊上进、勇于创新等个性特征，进而可以更容易地得到相对高级的职业岗位；经济条件较差的贫困家庭的子女一般没有机会得到一流教育，较差的教育培养了盲目服从、守时遵规的个性特征，毕业后一般会进入相对低级的职业岗位。也就是说，教育的功能是为了将处在不同阶级的人培养出不同的个性特征，以便适应不同的岗位需要，这样教育的经济价值就成为通过各种路径与方法使学生社会化，让不同阶级的学生在受过教育以后能够形成不同经济结构所需要的不同个性特征，从而保障资本主义经济体制能够正常运转。社会化理论认为，社会不平等的根源是经济的不平等，教育的改革和扩展并不能改变经济的不平等结构，如果要实现社会平等的理想目标，则必须改革经济本身。

教育的社会化理论对教育在经济社会发展中所起作用方面的认识具有片面性，在强调教育与经济存在对应关系的同时，忽略了教育与经济生活相矛盾的一面以及教育本身所具有的相对独立性。

三　人力资本理论的贡献与不足

人力资本理论发现了教育投入对经济增长的重要作用，提出劳动力不仅有数量上的问题，还有质量上的问题，将劳动力这一概念扩展为劳动力质量和劳动力数量的结合，阐释了劳动力质量与个人收入以及经济增长之间的关系问题。伴随着经济社会由传统经济向知识经济转变步伐的加快，人力资本理论的现实意义也变得越来越凸显。知识经济时代，人力资本，特别是高质量的人力资本对经济增长的重要作用被人们广泛认同。有研究表明，在如今的发达经济体中，人力资本投入的产出投入比要远远高于物质资本投入的产出投入比。其中最为关键的原因在于知识这一要素正在成为经济增长的主要生产要素，拥有知识的劳动力正在成为驱动经济增长的主导力量。

当然，人力资本理论也存在其不足，或者说是人力资本研究中仍有需要进一步解决的问题。比如人力资本与知识、分工、专业化等影响经济增长的其他要素之间的关系仍没有得到清晰完美的解读，导致重知识轻技能的现象比较严重，今后可能要从深入理解它们之间的关系中建立更完善的人力资本理论。

第三节　新经济地理理论

一　新经济地理理论的缘起

新经济地理学最初可以追溯到德国传统的古典区位理论，19 世纪就有经济学说指出经济过程与地理位置和场所相关。杜能（Johann Heinrich von Thünen，1826）出版的《孤立国同农业和国民经济的关系》中，在分析德国农庄十年的基础上，论述了地租和土地利用之间的关系，得出了距离城市中心不同位置的土地具有不同的用途和价值。[①]

一个世纪以后，到了 20 世纪，韦伯（Alfred Weber，1929）的《工业区位论》[②]、克里斯塔勒（Christaller，1933）的《德国南部中心地原理》[③]、勒施（August Losch，1940）的《经济空间秩序》[④]，继承和发展了杜能的德国区域理论，为工业、城市区位理论做出了重要贡献。德国区位理论的继承者艾萨德（Walter Isard，1956）在他的著作《区位与空间经济——关于产业区位、市场区位、土地利用、贸易和城市结构的一般理论》中，将杜能、韦伯、克里斯塔勒、勒施等人的理论模型整合成了“一般区位论”，把区位问题表

---

① ［德］杜能：《孤立国同农业和国民经济的关系》，吴衡康译，商务印书馆 1986 年版。

② ［德］阿尔弗雷德·韦伯：《工业区位论》，李刚剑等译，商务印书馆 1997 年版。

③ ［德］克里斯塔勒：《德国南部中心地原理》，常正文等译，商务印书馆 2010 年版。

④ ［德］勒施：《经济空间秩序》，王守礼译，商务印书馆 2010 年版。

述为一个标准的替代问题：厂商以最优绩效为决策目标，以此来控制运输与生产成本。[①] 这一具有开创性的贡献，提出了区域科学的研究与应用领域，至此区域科学从 20 世纪 70 年代开始得到迅速发展，其他的经济学家也开始了从空间方面来研究经济学。

1977 年，迪克西特和斯蒂格利茨（Avinash K. Dixit and Joseph E. Stiglitz）建立了 D—S 垄断竞争模型，成为新经济地理学建模的一个理论基础。[②] 1982 年，艾瑟尔（Wilfred J. Ethier）的《现代国际贸易理论中的国内和国际规模收益》论文发表，打破了传统理论中占主导地位的内部规模收益观点，为系统形成空间经济学提供了另一个理论基础。[③]

1991 年，克鲁格曼（Paul R. Krugman）发表了新经济地理学的开山之作《收益递增与经济地理》一文，以 D—S 垄断竞争模型为基础，将空间概念引入到主流经济学的分析框架，采用不完全竞争理论、报酬递增理论和市场外部性理论等构建出了新的经济地理模型。[④] 1999 年，藤田昌久（Masahisa Fujita）、克鲁格曼和维纳布尔斯（Anthony J. Venables）合著出版了《空间经济学——城市、区域与国际贸易》[⑤]，这一著作的问世标志着新经济地理学理论正式确立。

二　新经济地理理论的发展

新经济地理学关注经济活动的空间分布规律和不同规模、不同形式生产的空间集聚机制，并通过该机制的研究来探讨区域经济增长的规律与途径。新经济地理学回答的核心问题是：经济活动为什

① ［美］艾萨德：《区位与空间经济——关于产业区位、市场区位、土地利用、贸易和城市结构的一般理论》，杨开忠等译，北京大学出版社 2011 年版。

② ［美］迪克西特、斯蒂格利茨：《垄断竞争和最优的产品多样化》，王涵宇等译，《延边大学学报》（社会科学版）2005 年第 3 期。

③ ［美］威尔弗雷德 · J. 艾瑟尔：《现代国际贸易理论中的国内和国际规模收益》，邵海军等译，《延边大学学报》（社会科学版）2005 年第 2 期。

④ ［美］保罗 · 克鲁格曼：《收益递增与经济地理》，吴启霞等译，《延边大学学报》（社会科学版）2006 年第 1 期。

⑤ ［日］藤田昌久、［美］克鲁格曼、［英］维纳布尔斯：《空间经济学——城市、区域与国际贸易》，梁琦主译，中国人民大学出版社 2013 年版。

么会出现空间集聚现象？研究的目标是提出一个模型的建构方法，基于微观一般均衡方法，来研究促使经济活动集聚的向心力和促使经济活动分散的离心力，以便得出经济活动的空间结构和分布是如何受向心力和离心力影响的。克鲁格曼的研究主要集中在“经济活动空间集聚”和“区域经济增长的动态变化”两个方面。

经济活动的空间集聚主要关注规模报酬递增、空间集聚和路径依赖三点。传统经济地理学的研究是非空间的或者是虚拟空间的。而克鲁格曼将规模报酬递增与空间地理位置联系起来，认为规模报酬递增、规模经济和不完全竞争比规模报酬不变、完全竞争和比较优势更重要，规模报酬递增根本上来讲是区域现象，表现在专业化与贸易方面。规模报酬递增主要来源于区域经济集聚，相互联系的经济产业因为空间位置的邻近或规模经济而呈现出成本节约效应。空间集聚是城市不断扩张和区域中心形成的主要因素，源于产业集聚所带来的成本节约。克鲁格曼的多中心城市结构空间自组织模型，以厂商之间向心力、离心力以及向心力与离心力的相互作用为分析基础，试图阐明产业是如何在某些区域集中分布的，空间集聚是如何自我强化的，最终得出有规则的经济空间格局的内在机理。克鲁格曼等发展和完善了路径依赖理论，认为区域集聚和城市发展中存在着路径依赖。因为某一历史偶然扰动，使得某一区域的产业集聚产生了一定的先发优势，这将促使某一经济活动的长期集聚，历史的偶然扰动所形成的模式一经确立，这个模式将可能形成以报酬递增为基础的集聚过程，进而使产业区位优势不断得到加强。

区域经济增长的动态变化是指，市场规模效应的大小将影响区域经济活动和社会财富，使其形成动态的空间分布。如果劳动力流动和金钱由于一体化而呈现出外部性增长，那么经济活动将在更大的范围产生集聚，集聚的核心区域与边缘区域的差距将会被拉大。如果劳动力不具备流动性，则核心区域的经济成本将会增加，经济活动将进一步分散。区域经济的一体化使资本和劳动力可以充分地流动，进而经济活动可以产生大规模的集聚。

克鲁格曼基于以上认识，在《空间经济学》一书中建立了中心—外围模型、历史—预期模型和区域专业化模型三个经典模型，这三个模型已经成为新经济地理学的基本模型。

（一）中心—外围模型

克鲁格曼将规模报酬递增、人口流动和运输成本等引入到他的中心—外围模型，对制造业区域集聚原因进行解释，回避了马歇尔提出的纯技术外部性概念。其中心思想是，由于向心力可以产生一种自发且持续的制造业集聚现象，在一个经济规模比较大的区域，经济的规模越大，集聚现象就越发明显，运输成本就可能进一步降低，制造业在经济中所占的比重就会进一步增加，规模经济效应就越明显，进而越发有利于集聚。规模经济、运输成本和区域经济的制造业份额决定了“中心—外围”结构的形成。

该模型在理论上表明了中心—外围的地理结构是可以形成的，但在现实当中能否一定形成并得到维系需要一定的前提条件。在一定的条件下，已经形成的产业集聚区域可以自我维持这种集聚，但在同等的条件下，产业均匀分布的区域也可以自我维系其稳定状态。空间结构演化的真实情况远要比理论和想象复杂得多，展现在我们面前的实际情况是，多个中心和单个中心的空间结构都可以成为稳定均衡的经济地理结构。

以克鲁格曼为代表的中心—外围模型虽然对专业化分工、要素的流动以及产业集聚之间的关系做了深入的分析，并且丰富了稳定状态均衡结果的经济学意义，但其大多数结论是建立在经济数学模型基础上的，而一些经济活动空间分布的决定性内生变量并不是都可以用显性函数形式来表达的，从而使得中心—外围模型在空间经济分析的推广受到一定的限制。

（二）历史—预期模型

历史—预期模型主要探讨了产业集聚的路径依赖问题。克鲁格曼在前人的基础上，建立了一个既考虑历史又考虑预期的动态模型，用来分析历史和预期各自在产业集聚的路径依赖问题上所处的地位。该模型就单一要素经济的情况进行分析。模型的前提假设条件是：经济活动生产出两种商品（商品 A 和商品 B），商品 A 的生产规模和报酬保持不变，商品B的生产具有外部经济性；无论是商品A还是商品B都以固定的价格进行销售，商品是标准化的，劳动是同质性的，劳动力自发向高工资的部门流动；以小国为分析对象。

克鲁格曼认为，历史决定初始条件，进而决定最终结果。如果劳动力转移不存在成本，那么劳动力的初始工资水平是劳动力转移的动因，初始工资高的部门将呈现出集聚效应。如果劳动力的转移存在成本，那么劳动力的转移决定就变成了一个投资的决定。这一投资决定除了受目前工资差异水平的影响，还将取决于对未来工资情况的预期，具有较高工资水平预期的部门将产生集聚效应。

通过模型进行分析发现，基本的经济结构，特别是调整成本的大小影响了历史和预期的相对重要性。当模型分析的结果存在复根时，表示存在重叠区，当模型分析的结果只存在实根时，则表示不存在重叠区。也就是说，如果没有重叠区，则历史决定最终的结果；如果存在重叠区，则历史和预期都可能影响最终的结果。为了衡量预期对结果影响的可能性和大小，可以通过考察重叠区存在的可能性及宽度。贴现率、外部经济和调整速度这三个参数影响着重叠区的存在。如果贴现率高，则个人不会关心其他个体的未来行为，不存在重叠区，历史将优于预期，这就消除了自我实现预期的可能。如果存在一股小的外部经济力量扰动，那么经济的外部性就很小，影响决策的交互力量就很小，自我实现预期的可能性也会消除。如果经济调整的速度很慢，从长期观察其要素报酬接近于目前的水平，要素的再分配接近于目前的收益，那么历史就会产生决定性的作用。

（三）区域专业化模型

为进一步研究区域经济一体化对工业化国家和区域产业结构的影响，克鲁格曼从厂商之间买卖关系的特征出发，建立了区域专业化模型。区域专业化模型发展了一个产业集聚和国际贸易之间关系的理论模型，用来分析欧洲统一大市场是否存在着形成类似美国区域专业化市场的可能，以及欧洲的统一大市场会给一体化组织内部的国家和地区的产业结构带来怎样的影响。

区域产业化模型从产业之间的垂直关联、运输成本和要素流动三个方面，就产业区域专业化的形成进行了分析。得出的结论是：需求所导致的后向关联有利于区域的专业化，成本所导致的前向关联对区域的专业化同样具有一定的作用，伴随着运输成本的降低，产业集聚得到加强。当某国某一产业出现专业化时，集聚将产生区域内各国的长期效应。由于前提假定是，要素只能在国内流动，中短期来讲，非专业化的产业将逐步地萎缩，该产业的前、后向关联都将降低，加之国外出现的不断增长的产业竞争加剧，一体化也好，专业化也罢都将使留在非专业化的工人遭受工资下降、失业和岗位调整等带来的痛苦和损失。

克鲁格曼通过区域专业化模型研究发现，欧洲在市场一体化过程中将会出现如下情况："一是因为语言和文化等不同造成特定障碍的存在。与美国国内市场不同，欧洲市场将继续保持分割，区域专业化情形实际效果上不可能发生；二是同北美市场一样，欧洲市场不断加强的一体化，不足以破坏现存的生产地理，此时集聚是可能的，但不是必需的，并不妨碍多元中心地理的存在，但会导致地区间真实收入的差距，带来巨大的调整成本。"①

三　新经济地理理论的贡献与不足

新经济地理理论通过解释经济活动当中的集聚与扩散，构建了精致的模型来进行解决，是经济学研究的新视角、新理论，并提供了新方法和新工具。新经济地理理论从全球化的角度考察了国家经济发展的问题，将区域经济的发展既纳入国家体系，又扩展到了更大的全球体系范围内，研究了在全球经济一体化的情况下，经济的竞争主体已经由国家之间的竞争让位于区域之间的竞争了。新经济地理理论在继承了传统经济地理理论的基础上，引入不完全竞争和报酬递增等理论，借助运输成本及其变化对专业化生产与多样化消

① 黄基伟、鲁莹：《保罗·克鲁格曼——新经济地理学开创者》，人民邮电出版社2009年版，第130页。

费之间的两难冲突的非线性作用分析，揭示出产业集聚是源于报酬递增和运输成本的非线性变化，突破了传统经济地理理论的集聚经济导致集聚的循环论证，深入地解决了外部经济的微观基础和经济活动空间集聚与扩散的内在动因。

当然，新经济地理理论仍然存在需要进一步考虑的问题。新经济地理理论的动态数学模型相当精致，但模型中的不变参数在现实世界里是可变的，当在一个时间跨度较大的研究区间，有关参数的变化可能会很大，必然会导致模型的严密逻辑与现实世界的不一致。同时，由于文化、制度等影响经济的重要因素很难被纳入数学模型中进行量化分析，使该理论对数学模型的过度依赖限制了新经济地理理论在空间分析中的作用。新经济地理理论强调资本的外部性，忽视了技术和信息的外部性，技术对经济过程的重要作用被忽视。

第四节　共轭理论

共轭相关的文献多见于自然科学领域，如数学、物理、化学等学科，主要是用来表示对称、平衡、稳定等自然属性的。哲学社会科学研究领域涉及共轭的成果相对较少，但也有了一定数量的研究成果，主要是利用共轭的基本特征来解释哲学社会科学领域中的现象与解决哲学社会科学领域的问题。目前系统研究共轭理论的文献并不多见，郭莉（2013）在其博士学位论文《当代中国大学学术权力与行政权力的共轭机理研究》中尝试对共轭理论进行初步阐述，并提出了共轭的内涵及特点。

一　共轭的内涵

“从哲学来讲，‘轭’其实就是一种联系，而且这种联系是有条件的。……‘共轭’是按照一定规律联系着的一对事物，而且这对事物通过一定的规律协调对称地相互影响、相互制约，使得整个系统结构相对稳定、要素联系紧密、整体功能协调、对环境适应性强。……共轭是有序之本，共轭机理是事物运动发展的终极原因。”① “共轭关系是指系统演化过程中，若干要素或其结构、功能在密切联系、实现系统整体功能过程中，表现出的相互影响、相互作用的协调的、动态的对称关联关系。”②

共轭同时具有哲学意义指向，即共轭具有工具、价值和存在三层哲学意义。共轭可以作为工具为社会实践服务；共轭可以作为价值追求，为人们树立目标和任务；共轭可以作为存在开启新的研究视野。共轭是必然与偶然的辩证统一，共轭是无序与有序的辩证统一。

二 共轭的特点

郭莉（2013）《当代中国大学学术权力与行政权力的共轭机理研究》提出了共轭的三个特点：对称性、传递性和规律性。③

第一，对称性。强调共轭要素都是成对出现的，并且对系统的作用力呈现出“矢量”的特征，具有大小和方向。对系统的作用而言，共轭要素表现出来的作用力的大小相等、方向一致。当然共轭要素本身存在相互制约、相互促进的关系，这种关系让共轭要素相互之间的作用力互相抵消，好比共轭复数的“虚部”。共轭要素相互制约、相互促进并表现出的互相抵消正好是对称的完美表现，减少系统内耗并让系统趋于稳定状态。

第二，传递性。在共轭系统中，每一个共轭要素都表现出其特有的性能，它们各自发挥着自己独特的效应。为了维持系统的共轭状态，共轭要素必须进行“能量”的传递，就如化学“共轭电子”的作用方式一样，通过共轭电子的作用，将原本不共轭的化学键共轭化，即使分子中电子云密度的分布发生改变（共平面化），内能

---

① 郭莉：《当代中国大学学术权力与行政权力的共轭机理研究》，博士学位论文，中国矿业大学，2013 年，第 57 页。

② 刘拓、朱发根、傅毓维：《基于系统学原理的企业成长路径共轭机理分析》，《科技进步与对策》2008 年第 12 期。

③ 郭莉：《当代中国大学学术权力与行政权力的共轭机理研究》，博士学位论文，中国矿业大学，2013 年，第 55—56 页。

减少，键长趋于平均化，折射率升高，整个分子更趋稳定。

第三，规律性。自然科学领域中的共轭都有明显的规律可循，成对共轭要素和共轭系统三个量，只要知道其中两个，第三个自然就能找到答案，这就是“规律”的作用。在哲学社会科学领域，由于研究对象的非线性特征，让共轭系统的规律性表现为源自系统的自组织能力。

三 共轭理论的贡献与不足

哲学社会科学领域开始对共轭的关注说明共轭理论在科学研究的大分化大融合时代被这一领域赋予了新的生命力。虽然尚处在起步阶段，但呈现出快速升温的态势。共轭理论为哲学社会科学研究开辟了新的研究领域并具有认识论与方法论的哲学意义。现有的文献为人们提出了共轭的内涵、共轭的特征等理论轮廓，并进行了初步的探讨，为共轭理论及其应用的研究开启了一扇大门，这是具有质变性质的事件。

但是，目前的共轭主要是体现在自然科学领域对研究对象某些性质、特征形象的描述上。在哲学社会科学领域，共轭理论阐述尚不够系统。即使有试图系统论述共轭理论的尝试，也显得不够深入与精致。比如“轭”、“共轭”、“共轭系统”、“共轭效应”等概念体系尚未建立；共轭特征的提炼与概括还不够准确，论述也略显粗糙。作为具有认识论与方法论意义的“共轭”理论，有必要更加系统地、深入地进行理论梳理与应用延伸。有理由相信，共轭理论及其应用一定会得到进一步的拓展。

第三章　共轭：新的研究视角

共轭在哲学社会科学领域尚未形成一个系统的理论，它的应用分散在许多学科之中。只有通过非还原论的、综合的、整体主义的研究方法来界定共轭理论及其研究对象，打破传统理性主义、自然科学的线性思维和机械还原论，强调有序与无序的交融，整体论和还原论的结合，整体性和局部性的联系，才能构建适应哲学社会科学研究对象，符合哲学社会科学研究范式的全新理论。本章尝试给出共轭的相关概念体系和共轭的基本特征，并将其作为研究“高等教育与人才集聚两种投入对区域经济增长驱动”问题的全新视角，用来认识和把握我们所“熟悉”和“熟知”的人类世界。研究的共轭视角将作为一种全新的探究社会现象和解决实际问题的有益尝试，是研究范式的一种创新企图。

本章内容安排如下：首先，介绍共轭的内涵及特征，并给出共轭相关的概念体系；其次，分析共轭的价值，为研究视角的应用提供基础；最后，就共轭应用的适切性进行分析。

第一节　共轭的内涵及特征

在哲学社会科学研究领域，系统研究共轭理论的成果尚不多见。哲学社会科学研究领域关注的现象，如高等教育、经济增长等，具有非线性、不可逆性、偶发性等特征。人类社会的日常生活当中共轭现象无处不在，共轭形态林林总总。人类社会发展过程中的问题，有很多又可以用共轭的视角来认识，用共轭的方法来解决。共轭远远超过了现有学科的认识与应用，具有自然科学与哲学社会科学意义之上的一般概念特征。下面我们从如下几个方面来认识“共轭”。

一　共轭的内涵

（一）科学语境中的共轭

1. 轭

“轭”原指驾车时套在牛马颈部的人字形器具（见图3－1）①，同时具有束缚和控制的含义。通过“轭”将拉车的牛马和车组合成一个系统，牛马通过“轭”必须协调一致才能使整个牛马车按照人们的意愿工作。按照马克思主义的观点，“轭”其实就是一种联系。这种联系在“形态”、“特征”和“性能”等方面千差万别，如同马克思主义的联系一样，“轭”同样具有客观性、普遍性和多样性等特征。

图3－1　轭

为了使“轭”的引申意义与其本意及已有其他应用学科领域的含义有更直观的对应，更好地阐释“共轭”及其相关概念在哲学社会科学研究领域中的含义，这里暂时先主要考察“轭”这种联系为系统内部在“层级”上对等的成对要素之间的关系。即由“轭”联系着的要素是所考察的系统内部的要素，它们对系统的作用处在同一个“层级”上，而且是成对出现的。至于系统外部、内部与外部

① 辞海编辑委员会：《辞海》（第六版缩印本），上海辞书出版社2010年版，第440页。

之间、不同层级之间的成对要素，以及多于两个要素之间的共轭关系，由于时间和篇幅的限制，留待以后作进一步推广研究。那么本书的“轭”就是指对系统发展具有既不可或缺，又相互博弈的，具有同等重要性的内部成对要素之间的一种联系。“轭”本身具有客观性、普遍性和多样性等特征，但在研究成对要素之间关系的时候，可以将“轭”抽象并固化为“人”字形，“轭”是一种“硬”联系。

2. 共轭（状态）

“共轭”的本意是两匹马通过马背上的“轭”，使两匹马同步行走，共拉马车。共轭就是按照一定的规律相匹配的一对要素，包含这对要素和“轭”。为了研究的需要，这对要素就叫“共轭要素”。从存在的角度来讲，“共轭”就是包含了“共轭要素”和“轭”的一种组合状态，即“共轭状态”。共轭状态强调，共轭要素既相互制约又相互促进，使得整个系统结构相对稳定、整体功能协调、对环境适应性强。共轭是系统整体性和相关性的内在表现，是系统自组织的原动力之一。基于“共轭”的含义，本书尝试简要给出“共轭系统”、“共轭驱动”、“共轭效应”等相关概念的界定。

3. 共轭系统

共轭系统有广义和狭义之分。狭义的共轭系统是指由共轭要素和轭组成的集合，共轭要素通过轭相互关联。因为系统和要素具有相对性，所以，广义的共轭系统是指包含共轭要素的集合，即广义的共轭系统中除了共轭要素、轭等要素以外，还有其他相关联的要素，是一个“扩大了”的集合。这个时候狭义的共轭系统仅可以看作是广义共轭系统的一个子系统。在实际生活当中，人们研究与实践的共轭系统往往是广义的。下面列举一个直观的共轭系统示例，见图 3 – 2。

马车就是一个共轭系统，要使得整个马车（系统）朝着预定目标前进（发展），两匹马（成对要素）必须通过“轭”形成“共轭”，两匹马（共轭要素）协调对称地相互影响、相互制约，使得整个马车（系统）要素联系紧密、结构相对稳定、整体功能协调、对路况（环境）适应性强。

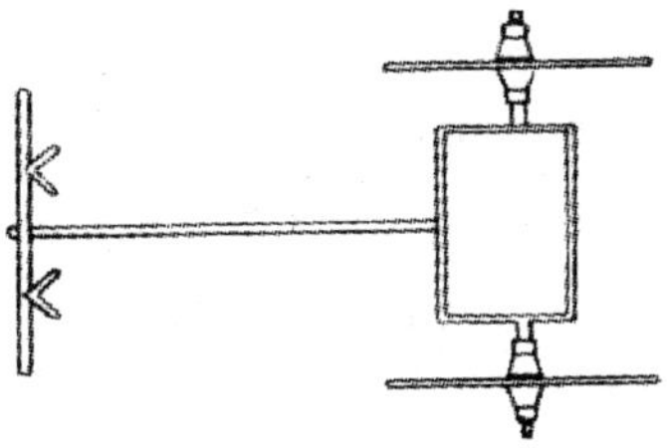

图3－2　共轭系统：马车

4. 共轭驱动

驱动就是用动力推动。共轭驱动就是共轭要素通过轭推动整个系统结构相对稳定、要素联系紧密、整体功能协调、对环境适应性强，并向着预设目标发展的过程。

共轭驱动的动力来自共轭要素的自组织原动力，是共轭要素自组织原动力相互作用的结果。共轭要素的自组织原动力分为相互"制约（竞争）"和相互"促进（妥协）"两种密不可分的动力。相互制约来自要素本身生存与发展的本能需求；相互促进的原动力来自于共轭要素的相互依存性，即任一共轭要素的生存与发展必须以其对应的共轭要素的生存与发展为基础，其中一方消亡，共轭另一方将不复存在。

5. 共轭效应

共轭效应是指共轭要素共轭驱动系统发展所产生的效果。共轭效应使系统中共轭要素都能"各取所需"、"各司其职"，在达成共轭要素自身的最满意发展目标的同时，减少内耗促进整个系统更趋稳定有序。共轭强调系统的稳定性和效率性。在共轭系统中，共轭要素共轭驱动的目标是使整个系统产生内耗减少、系统更趋稳定有序的共轭效应，最终趋向共轭状态。

（二）哲学语境中的共轭

哲学思维的特点在于它同时具有抽象性、批判性和反思性，可以预见和设计新的观点、新的方法和新的理解力。哲学可以哺育和保护现存价值，是文化的巡逻兵。同时，哲学与其他精神领域相比更能建立和维护与新的存在完全符合的价值。①

1. 本体论意义上的共轭

本体论译自英文“ontology”，又译存在论、存有论，它是形而上学的一个基本分支。本体论旨在探讨存在本身，即一切现实事物的基本特征，是哲学的终极关怀。历史上有哲学家在对本体论的追求中，要求得到绝对之真、至上之善和最高之美，这是将本质与现象分离、主观与客观割裂、相对与绝对对立的做法，是一种不能达成的空想。就目前人类的能力而言，本体论不应当是目标而是追求。当代哲学对本体论的理解是，本体论是一种追本溯源的意向性追求，是对人和世界及其相互关系的终极探寻理想。② 本体论的现实意义，不是在于能否达成其所追求的终极理想，而是在于将其作为理性目标，在追寻这一理性目标的过程中来不断否定现实存在，将现实变成更加理想的现实。对本体论的追求让人类在理想与现实、终极指向性与历史确定性之间永远保持着必要的张力，并不断突破微妙的平衡，从而使得人类永远保持着求真、向善与审美的意识，永远保持着自我批评和自我超越。③

本体论意义上的共轭，即是指对共轭的基于现实又高于现实的“理性”追求，是就共轭理论体系表达而言的，这是共轭理论所要期待揭示的内容，主要是朝着不依赖于主体而客观存在的“理性”目标，探索与认识主体相区别的共轭的属性、规律或状态，包括共轭的空间构成、历史演进以及功能进化，最终解构共轭并洞察共轭本质，并指向共轭问题的解决。④

2. 认识论意义上的共轭

认识论又被称作知识论。认识论的主要研究内容集中在如下几

---

① 聂锦芳：《哲学形态的当代探索》，民族出版社 2002 年版，第 401 页。

② ［爱尔兰］贝克莱：《人类知识原理》，关文云译，商务印书馆 1973 年版，第 21 页。

③ 孙正聿：《哲学导论》，中国人民大学出版社 2000 年版，第 86—91 页。

④ 谢文郁：《偶态分析中的实在论和唯名论》，《世界哲学》2014 年第 5 期。

个方面：第一，认识的本质到底是什么？认识的结构怎样？认识与客观实在存在着怎样的关联？……认识论作为哲学的组成部分之一，是指研究人类认识的本质以及人类认识发展过程的哲学理论。[①]在哲学发展史上人们曾用不同的术语来表述认识论。如“Epistemology”（费里尔，J. F. Ferrier）、“Gnoselogy”（康德，Immanuel Kant）、Erkenntnis Theorie（莱因霍尔德，Reinhold）。在以英语呈现的研究成果中，认识论被表述为“Theory of Knowledge”，这是德语“Erkenntnis Theorie”一词的通俗表述。[②]

在中国传统哲学中，认识与实践的关系表述为“知”与“行”的关系。从孔子到孙中山，都十分重视知行问题的探讨，提出过许多深刻的思想。中国古代先哲在研究“知”和“行”的关系时，或强调“知”先“行”后，认为“行”就是“知”，“知”就是“行”，展开了人的主观能动性对于“行”的意义的分析，提出了带有唯心色彩的以“知”为基础的知行统一论；或强调“行”对于“知”的重要性，认为“知”是“行”的开始，“行”是由“知”所成，提出以“行”为基础的知行统一论。这些思想成果对于理解实践与认识的关系具有重要的参考价值。认识与实践的关系、行和知的关系问题，是哲学认识论的一个基本问题。人类从未停止过认识。对认识本身的研究和探索，更是同哲学的产生相联系的。[③]认识论之最为重要的任务是揭示认识的本质，挖掘认识所发生与发展的一般规律，争取让人们的认识更加客观与真实。因此，认识论必然以哲学基本问题为基点，并将思维和存在、物质和精神贯穿于全部认识论的内容之中，据此得出不同的认识论结论。[④]

作为一种对象性的活动——认识，就其具体形态而言，被主体所反映出来的对象是无尽的、多样的。宏观上，可以将认识对象划分为三大类：外部世界、主体自我、主客体相沟通的实践活动。与

---

① 周黄正蜜：《论康德的普通认识能力》，《世界哲学》2014 年第 4 期。

② ［美］L. 伍德：《认识论概述》，纪虎民译，《哲学译丛》1984 年第 6 期。

③ ［英］奥卡姆：《逻辑大全》，王路译，商务印书馆 2010 年版，第 26 页。

④ ［美］科恩布里斯：《直觉、自然主义与认识论》，《世界哲学》2014 年第 4 期。

之相应就形成了三种认识：对象意识、自我意识和实践意识。完整的认识活动是对象意识、自我意识和实践意识三者的统一体。[①]

认识论意义上的共轭是就揭示共轭的本质，是本体论意义上的共轭在认识上的反映。认识论意义上的共轭则体现了共轭的发生与发展的一般规律，形成知识构成的反思。

3. 方法论意义上的共轭

所谓方法论，是指人们采用什么样的方式方法来观察和处理问题，即人们认识世界、改造世界的一般方法。[②] 面对客观事物的时候，解决“是什么”的问题；面对通过什么方式、途径、技术的时候，解决“怎么办”的问题。[③] 方法论意义上的共轭其实质是什么？就是尝试用共轭的视角与方法来解决实际问题。从问题研究的角度来看，方法论是对观点，借助语言中介，形成文本表述出来，其问题研究的一般图景的勾勒如图 3－3 所示。

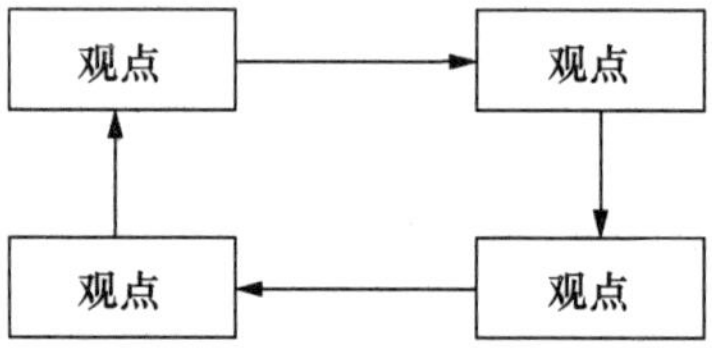

图 3－3　问题研究的一般图景

方法论意义上的共轭，就是能够运用共轭理论来洞察我们所关心的问题，用共轭方法来解决我们面临的问题。

（三）实践层面中的共轭

对共轭的理解是以“实践”为基础的辩证思考。“理论的对立本身的解决，只有通过实践的途径，只有借助人的实践的力量，才

① 聂锦芳：《哲学形态的当代探索》，民族出版社 2002 年版，第 9 页。

② ［德］文德尔班：《哲学史教程》上卷，罗达仁译，商务印书馆 1987 年版，第 87 页。

③ ［德］黑格尔：《哲学史讲演录》第二卷，贺麟等译，商务印书馆 1983 年版，第 27 页。

是可能的；因此对立的解决不仅仅是认识的任务，而且是一个现实的、生活上的任务，而正是因为哲学把这一任务仅仅看作理论任务，所以哲学未能解决它”。[①]

共轭在数学、物理、化学、地理等自然科学学科领域中比较常见，主要是借用“轭”来表征这些学科领域中的一些研究对象的对称性、稳定性等特征的。在哲学社会科学领域，大多数成果也是这种应用的移植。这些在理论基础部分已作详细介绍，这里就不再赘述。

现实生活中，一个有序系统要素之间存在着什么联系、具备什么特征、如何相互作用等问题上，已经有了诸多视角。而“共轭”提供了一个崭新的视角，它既有“协调”、“耦合”、“均衡”等视角的某些特性，又具有其独有的特殊性质。“共轭”强调成对要素之间的对称性，作用于系统的方向一致性，以及整个系统的稳定性。可以看出，在“轭”的两端是对系统发展具有既不可或缺又相互博弈的具有同等重要性的内部成对要素。这对要素如果能够既相互制约又相互促进，使得整个系统朝着结构相对稳定、整体功能协调、对环境适应性强并符合系统发展目标的方向发展，那么我们就称之为“共轭”。

二　共轭的基本特征

（一）共轭的普遍性与多样性

1. 共轭的普遍性

马克思认为，联系是普遍性的，无论是自然界、人类社会还是人的思维，孤立的存在是没有的，世界上一切事物都与周围其他事物有着相互之间的联系，每一事物内部各要素之间也是相互联系的，而且联系无时不在。“轭”是联系的一种，是促进和保障系统稳定发展状态的一种联系。广义上讲，有序世界上任意两要素，在假设其他一切条件均“固化”的前提下，都可以看成一个共轭系统，共轭存在于一切系统要素之间，没有系统要素之间的共轭，系

① 《马克思恩格斯全集》第3卷，人民出版社2002年版，第74页。

统的有序性就不存在。另外，有序系统不是沉寂的、固化的系统，是动态有序的系统。系统的发展过程中，共轭效应随时发生，贯穿于系统发展的整个过程，旧的共轭状态被打破必然朝着新的共轭状态发展。所以共轭具有普遍性，共轭存在于一切有序系统要素之间，并贯穿于系统发展的整个过程，无处不有、无时不在。共轭的普遍性这一世界观在方法论上要求我们应当用共轭的观点看问题。

2. 共轭的多样性

马克思主义的唯物辩证法认为，联系具有多样性（即特殊性），有直接和间接的联系、内部和外部的联系、本质和非本质的联系、必然和偶然的联系、整体与局部的联系等。“轭”这种联系同样具备多样性特征，不同的系统，共轭状态不同，不同的时间共轭状态也在不断变化。我们用综合思维的方法，注意分析和把握事物存在和发展的情境，以时间、环境等条件为转移，来把握共轭在不同时空情境中的多样性。

（二）共轭的依存性与对称性

1. 共轭的依存性

共轭的含义告诉我们，共轭的依存性是指共轭要素之间的一种关系，任一共轭要素的存在都以另一共轭要素的存在为基础。这就要求共轭要素之间需要相互妥协，即任一共轭要素的生存与发展必须以其对应的共轭要素的生存与发展为基础。其中一方变化，共轭另一方必须相应变化；其中一方消亡，共轭另一方也将不复存在。共轭的依存性要求人们在竞争的过程中必须加强必要的合作，在相互妥协中相互依存。

2. 共轭的对称性

共轭的对称性是为了实现系统行为，达到协调稳定优化发展的目的而在系统内部进行物质、能量、信息相互交换的一整套程序机制。如果说共轭的依存性是共轭要素关系的质性描述的话，那么共轭的对称性则是共轭要素之间关系的量化表征，而且这个量是一个矢量，具有大小和方向。共轭对称性是指成对共轭要素共轭驱动系统发展时，要求共轭要素的矢量之和最大，且合力的方向与系统方向一致，强调成对共轭要素的综合作用力。如果要保持系统的共轭状态，任一共轭要素的变化，必然需要对应的共轭要素相应地变动，不然，系统的共轭状态就不复存在。当确定成对共轭要素存在时，则共轭系统存在；当确定共轭系统和共轭要素之一存在时，则对应的共轭要素就可以被清楚地认识了。这给定量研究提供了一条完美的路径。

要在一个不断发展的系统中实现共轭的对称性，需要成对共轭要素之间有畅通的“信息”反馈机制。图 3－4 显示了共轭要素保持对称互动中的共轭反馈，要素 A 采取的行动影响要素 B，要素 B 对要素 A 的行动做出反应，然后要素 A 根据要素 B 的反应调整另一个影响 B 的行动，这是一组要素保持对称性的共轭反馈表达，这种反馈形成共轭要素对称性的完美性形式。

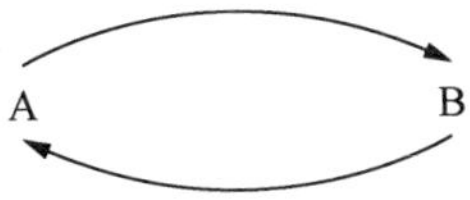

图 3－4　对称互动中共轭的反馈机制

（三）共轭的动态性与平衡性

1. 共轭的动态性

辩证唯物主义认为，运动是物质的存在形式和固有性质，是绝对的和无条件的，它包括宇宙间的一切变化和过程，世界上没有不运动的物质。绝对静止的共轭状态是不存在的，系统的共轭状态是一种动态平衡，即任一偶然的扰动都会打破原有的共轭状态，当这种扰动超过一定范围时，系统会偏离原有共轭状态，通过共轭要素的共轭驱动机理产生共轭效应，即共轭要素之间的竞争与妥协产生的自组织作用机理发生共轭效应进阶到新的共轭状态。

2. 共轭的平衡性

系统由混沌到有序之后，有序系统的主要特征就是存在着很多可以被把握的规律。共轭系统其实是个完美的有序系统，在这个有序系统中，共轭呈现出动态平衡性。这时的系统通过共轭要素发挥共轭效应，实现共轭要素对系统的共轭驱动，呈现出动态平衡的共轭状态。系统的动态平衡导致的结果是系统发展的整体趋势可表征为随着时间的推移而螺旋上升（见图 3 – 5）。

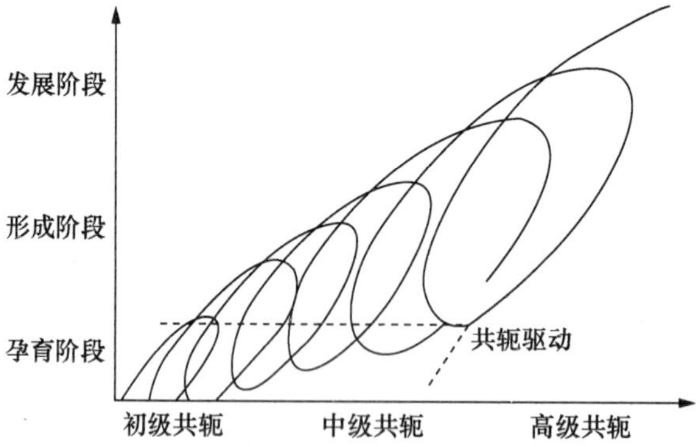

图 3 – 5　系统发展的共轭驱动状态示意

说明：图 3 – 5 借用了郭莉博士学位论文里的原图①，但在本书中赋予了新的含义：发展曲线上的任一点表示某一时刻系统发展的状态，越是趋向共轭状态（内耗少、稳定性高），系统发展就越快、越平滑；越是背离共轭状态（内耗大、稳定性弱），系统发展就越慢、越曲折。

第二节　共轭的价值分析

一　作为系统存在的价值

对于价值问题的研究，学术界在各立高见、沸沸扬扬的争论中展示了两种极端的趋向：要么只视价值为一混沌整体，不探究竟，

① 郭莉：《当代中国大学学术权力与行政权力的共轭机理研究》，博士学位论文，中国矿业大学，2013 年，第 146 页。

不明要素也不理关系，将价值概念笼统模糊化；要么搞范畴游戏，名词轰炸，什么价值观念、价值需求、价值判断、价值潜能、价值意识、价值追求、价值取向等，把价值概念普泛化。前者是把并不简单的问题简单化了，而后者是把算不上很复杂的问题复杂化了。对价值认识两极趋向的症结在于不理解价值是一个系统，不理解构成这个系统诸要素的关系与结构。就实质而言，价值是一个包含价值意识、价值评价、价值规范和价值目标四要素的系统存在。①

（一）价值意识

价值意识是价值关系在精神上的反映和表现，是人们社会意识中的价值内容，是主体化的意识。因为价值意识主要体现对主体自身价值和内在尺度的意识，所以它在表现方式上同反映客观规定性和尺度的意识形态是有所区别的。这种区别在于，它必定在内容上是主体本身所特有的，不能够像反映事物实然状态的知识等一样还原为原型的东西。例如，我们可以把“这朵花是红的”这一认识用各种方法还原为对客体特征的描述，但对于“我喜欢红色的花”这种态度，却只能从主体得到解释，而不能归结为客体的主要属性。这就是说，价值意识以客体的存在为前提，因客体的属性而发生，但并不意味着客体本身所包含的现实，它主要反映主体的“客观现实”，反映人区别于其他非人事物的特性。②

从主要反映和表现着人本身的现实状况这一特征入手，我们可以在人们多种多样的精神活动中区分下面这些价值意识形态：欲望、动机、兴趣、趣味、情感、意志、信念、信仰，等等。③ 这些精神活动形式或意识形式的共同特点如下：

第一，具有主体的主观性。它们不是主体物质的或社会存在的活动形式，而是主体特有的精神活动形式。同时它们还同主体思维，意识活动中客观内容和规律相区别，尽管它们的产生都依赖于

---

① 聂锦芳、刘秀萍：《科学活动中的价值渗透》，《社会科学》1995 年第 4 期。

② 李建华：《论道德意志的发生》，《有色金属高教研究》1990 年第 1 期。

③ 丁磊：《国家形象及其对国家间行为的影响》，博士学位论文，南开大学，2009 年。

人的社会存在，依赖人的身心联系规律，但是它们作为这种存在和规律的精神结果，本身已具有意识特有的主观性特征。

第二，同知识等意识形态有明显区别。在欲望、动机、兴趣、情感、意志、信念、信仰等中，知识的成分不是直接的主导因素。

第三，综合上述两点可以看出，欲望等意识形态是人所特有的、以主体性内容为主的意识形态，其存在和表现，从精神上反映了人们的价值关系。因此，把它们看作是人们关于价值的特有的主要意识形态是能够成立的。①

（二）价值评价

评价是人们生活中时时处处都在呈现的精神活动内容。日常生活当中，评价一般表现为人们对价值客体的一种态度。好比人们在某种自然现象前，会从不同的角度表现出各种态度一样，觉得这种自然现象美或是不美，从而表现出喜欢或不喜欢，等等。这些不同的态度表现都是价值评价。一般来讲，评价产生两种基本的结果：肯定或否定。肯定的评价表现为满意、满足、接受等；否定的评价表现为不满意、不满足、排斥等。但是，在复杂的价值关系中，肯定和否定又往往相互并存、相互交叉、相互渗透、相互转化。

前文指出，价值是主体特有的绝对超越指向。因此，评价必然是主体以自己特有的尺度对外界事物进行的评判与衡量。显而易见，主体评价的标准就是个至为关键的因素。评价属于一种主观活动，具有很多主观性特点及表现，所以，评价标准也应当属于一种可以由人们主观掌握的标准。那么评价标准是否有可能是客观的，这就取决于它是否来源于、依赖于某种客观基础。我们说，这种客观基础是存在的，就是主体特有的客观需要和利益，它本身来自主体的本质、存在和内在结构的规定性，来自主体的生存、发展同改造世界的联系。作为主体的内在尺度，评价标准的客观性本身是与主体直接统一的，在主体的客观存在之外，它不需要其他客观前

① 吴金昌、齐平：《人的主体性、需要和价值意识与德育》，《河北师范大学学报》（教育科学版）2008 年第 11 期。

提，它本身是客观的，评价的标准或依据就是这种需要和利益。这就是评价标准的主观性和客观性统一。比如，人是需要美的，我国曾一度以“男人峨冠博带、长袍宽袖，女人裹脚束胸”这样的标准来衡量人体和装束之美，虽然一般来说这只是一种确实存在过的评价标准，但时至今日，这种标准已经被淘汰或者修改了。为什么会发生这种变化呢？我们可以从历史的、经济的、政治的、文化的、思想的等方面解释其原因，但这些原因归根结底无非是那些装束方式对人的本身和行动不利，不能满足人们发展着的生活需求和审美需求。也就是说，在人们实践过程中产生的事实是人们甄别相关评价标准的依据，而客观需要和利益需求是衡量其价值的重要尺度。①

（三）价值规范

如果说价值评价只是以人的客观需要和利益需求等内在尺度为标准表明对客体的态度的话，那么价值规范就是以价值评价为基础对主体行为的约束、限制与范导，其最终目的仍在于满足这种客观需要和利益需求。价值主体可以分为“类”、“群体”和“个体”三种不同类型，三者之间的客观需要和利益需求并不天然地一致，这既使价值规范成为必要，也使价值规范成为难题。一般来说，价值规范也有三种形式：

第一，整体（类、群体）对个体的约束。② 从功能上看，整体和个体都是主体，都是价值活动的发起者，但由于二者所负的使命、所承担的责任不同，它们的活动又有质的差别：个体追求特殊而整体致力于普遍；个体有特殊的需要、利益，有特殊的价值目标，但整体的目标却不等于个体目标的简单相加。为了使人类不至于在相互冲突的个体价值追求中分崩离析，必须通过整体的价值规范来对个体进行限制与引导，使个体特殊上升为整体普通，即个体

① 敬璐：《信息传播价值与信息传播选择》，硕士学位论文，新疆大学，2008 年，第 17—21 页。

② 聂锦芳、刘秀萍：《科学活动中的价值渗透》，《社会科学》1995 年第 4 期。

要按照整体的价值规范来生活、行动、选择和交往。[①]

第二，人与人的相互约束。人生活在社会中，不仅有整体与个体的关系，而且有个体与个体的关系。既然个人不能脱离他人而独立存在，那么就可以说个人的一切不仅依赖于别人，而且要受到别人的限制。人与人的相互范导、相互评价（包括谴责和赞扬）等构成价值活动的主要内容。

第三，个体的自我约束。个体作为社会的存在，具有不同层次的需要，最基本的是物质生活的需要，它推动着人们对满足这种需要而去从事生产活动、社会活动。按照马克思主义的观点，人首先必须生存，为此而进行的生产活动是人类社会其他一切活动的基础。但人还必须发展，在满足基本需要之后又会形成新的需要：交往的需要、尊重的需要、全面发展的需要等。价值规范性之一就表现在主体对各种需要的矛盾进行协调。

（四）价值目标

无论是价值评价还是价值规范，归根结底都是以“应然”对照“实然”而表现出的主体态度和适用功能，这里的“应然”就是价值目标。价值目标包含如下三个方面：第一，价值目标是以一定的信念或信仰为基础的理想状态；第二，这种理想状态以关于未来的实际形象为标志；第三，价值目标为人的思想、活动及结果提供了自觉的范例。[②] 这也是价值目标所具有的特征。

价值目标是否正确可信，是否能够实现，是以主体所笃信和掌握的关于客观世界的知识为基础的，知识是价值目标得以形成和确立的基础之一。而价值目标的内容指向又取决于人的信仰，人们信仰什么，他就会按照什么方向和原则形成自己的理想。例如，信仰上帝或神，就把进入天堂，与上帝或神同在当作价值目标；信仰真理，就把追求和获得真理当作价值目标；信仰马克思主义，就把实

---

① 陈锡林、刘艳：《体育伦理道德观的基本问题》，《苏州丝绸工学院学报》2000 年第 6 期。

② 范军：《理想主义让出版拥有尊严》，《现代出版》2013 年第 6 期。

现共产主义当作价值目标。但价值目标并不仅仅停留在信仰的水平上，它会把信仰对象与现实条件以及其未来发展联系起来，同自己的现实生活以及未来所得联系起来，使之成为一种“具体的”、“现实的”形象体系。价值目标通过自觉的意识依据一定的信念和信仰把它们合乎逻辑的推论与社会合乎规律的运动结合起来，造成对主体具有号召力和感召力的具体形象。价值目标对人们巨大的激励与鼓舞来源于其指引着人们最高级别的价值，而且这些价值目标是具体的、形象的、生动的，人们在现实生活中可以看到实现这些价值目标的具体途径。① 所以说，价值目标是价值系统中沟通现实与未来的主要因素。

从上述的论述中不难看出，作为系统存在，价值意识、价值评价、价值规范和价值目标四要素之间有机地构成一个整体，它们相互支撑、相互制约，维系着价值系统的运行和更替，显现出主体的绝对超越指向。

二　共轭的价值追求

（一）效率价值追求

效率从汉语词义上讲，是指单位时间内完成的工作量，它本来是经济学中的一个概念，只是由于近年来西方经济分析法学派的崛起才逐渐成为社会科学的一个重要概念，也是一个重要的价值形态。有学者将效率等同于效益，也有学者试图将二者区分开来。若单纯从汉语词义上解释效益为效果和利益，但经济上的效益通常指符合社会需要的产出大小与活劳动和物化劳动消耗大小的比较，其含义，大致相当于效率。从近代西方思想的演化进程来看，效率价值理论的兴起归功于20世纪中期，西方国家新制度经济学派与经济分析法学派的产生和发展，但其理论渊源却可追溯到更早的历史。边沁认为，逐乐避苦是人类的本性或人类行为的基本规律。功利原理同时又是一定的准则，亚当·斯密推崇个人对其经济资产拥有绝对的排他性权利，强调通过市场经济的无形之手可以实现经济的均

① 王涛：《论道德实践及其原则》，《山东社会科学》2000年第5期。

衡发展，认为管得最少的政府是最好的政府。共轭追求的价值之一就是减少内耗，促使系统更趋快速有效地发展，这是效率价值追求的典型特征。共轭的效率价值追求包含自身的效率逻辑：一方面，有利于系统资源在系统要素之间的有效分配，即在资源分配过程中为了达到系统整体的快速有效发展，不会出现资源分配不当导致的“短板”效应；另一方面，有利于系统资源的有效利用，经济人假设认为人是理性追求利益最大化的，这种理性追求利益最大化会自动达成社会整体福利的增长，即系统要素对效率的追求会自动达成整个系统的发展。

（二）秩序价值追求

共轭的效率价值追求并不是唯一的价值追求，更不是最高价值追求，缺乏约束的效率价值追求有可能会使得系统偏离理想的轨迹而步入歧途，最终效率反而毁掉了系统。对系统要素有约束作用的秩序价值也是共轭价值的追求之一。放眼所能观察到的世界，我们不禁为世间万物的各就其位、协调有序而惊叹，世界展现出了显著的秩序性。实际上，秩序是开放系统的基本特性之一，也是世间万物得以稳定发展的根本诉求和重要保障。秩序通过消除某种纵向不确定性与横向不确定性从而满足了具有自我意识的主体的“确定性追求”，秩序契合了主体的安全需求与效率需求。秩序是系统发展过程中与生俱来的，是以某种方式自然地存在于系统发展之中的。秩序包含如下构成要素和内在要求：第一，安全稳定。假如系统整日变幻莫测、反复无常、混乱不堪，系统要素就会无所适从，那么秩序也就不复存在。第二，协调有序。假如系统要素之间矛盾重重、冲突不断，甚至不可调和，同样无秩序可言。第三，有章可循。系统运行要有一定的规律，运行规则化才能有秩序。秩序是共轭追求的基本价值之一，系统更趋稳定有序既是共轭系统的保障又是共轭的秩序价值追求。共轭系统的多要素有其自身生存与发展的本能诉求，又有与其他要素共生共荣的依存现实，呈现出多极主体相互之间的秩序，这种秩序包括自由秩序和竞争秩序：自由秩序意味着系统要素之间某种协调性和稳定性，它是某极主体可以在一定的边界范围内，在不影响其他主体发展的前提下，自身得以自由发展的可能，而这种自由发展的可能则需要秩序加以保障；竞争秩序在系统要素的相互竞争中形成，可以促使系统要素在促进系统发展方面显得更有效率，是系统健康发展的内在要求，竞争秩序为竞争创造条件，为竞争提供保障，以促进和维护竞争为出发点和归宿。

（三）正义价值追求

秩序价值所关注的乃是系统要素对系统运行规则的采纳问题。秩序的目的就是要给予为数众多的系统要素某些模式和结构，从而避免系统发生失控，趋向混乱不堪的境地。按照这样的理解，秩序价值正如人们所见，所侧重的乃是系统规则的形式结构，而正义价值所关注的却是规则所指向的内容。正义这个范畴在人类思想认识史上占有重要的地位。古希腊时期，正义就已经是苏格拉底和柏拉图等先哲所推崇的美德。然而，对于正义的理解，思想家们给出了不同的答案，正如E. 博登海默所言：“正义有着一张普洛修斯似的脸，变化无常、随时可呈不同形状并具有极不相同的面貌。当我们仔细查看这张脸并试图解开隐藏其表面背后的秘密时，我们往往会深感迷惑。”①

何建华（2004）梳理了哲学家、伦理学家、政治学家乃至经济学家等不同的阐释之后，总结出关于正义的四种具有代表性的观点：正义即效用（功利主义者）、正义即公平（罗尔斯）、正义即权利（诺齐克）、正义即美德（麦金太尔）。从哲学的高度上来看，正义是指人的群体活动中的一种“合理的关系”，是对人的生存方式及社会关系是否具有合理性的追问。一般来说，正义价值的关注点可以被认为是一个系统的秩序是否适合于实现其基本的目标，而这一目标是在系统内外相关的多极主体相互妥协基础上相互认可的。如果我们并不试图给出一个全面的定义，那么我们就可以这样说，满足相关主体的合理需要和主张，而且同时促进系统进步与提高的

---

① ［美］E. 博登海默：《法理学——法律哲学与法律方法》，邓正来译，中国政法大学出版社1999年版，第252页。

程度就是正义价值的目标，无论是效用、公平、权利还是美德。共轭的正义价值追求，将超越单纯的效用、公平、权利和美德，把符合多极主体需求并体现人与人的生活意义、人的全面发展和社会关系的完善作为关注的主题。①

（四）发展价值追求

共轭的效率、秩序和正义价值追求并不是完全割裂的，它们相互渗透、相互影响，最终都指向多极主体所共同接受的可持续发展价值追求。可持续发展价值即多极主体通过效率、秩序和正义价值追求促进系统要素本身和系统不断完善与提高的价值目标。发展价值是一个多维的发展观，随着时代的变迁，发展价值观的内涵外延也在不断发展，目前主要包括几个发展观。

第一，生态发展观。生态学界认为可持续发展是“自然资源及其开发利用之间的平衡”，侧重于从自然或生态的角度来解释可持续发展②，将可持续发展的主旨界定为维护基本的生态过程和生命保障系统，保护其多样性和物种与生态系统的可持续利用。

第二，经济发展观。经济学界偏重于从经济发展的角度来阐释可持续发展，认为可待续发展就是指经济的发展，当然同时也强调这种发展应限定在自然与生态的承载力范围之内。

第三，社会发展观。社会学界的可持续发展是人口趋于平稳、经济稳定、政治安定、社会秩序井然的一种社会发展，强调可持续发展是社会的持续发展，包括生活质量的提高与改善。③ 可持续发展是指人类经济、社会和环境目标的协调一致，是当前发展和长远发展目标的协调一致。但可持续发展并不是对资源和环境的封闭式保存，而是要求尽可能避免和减少对环境、资源的破坏，将保护和利用有机地结合起来。可持续发展是在确立与自然协调一致发展目

---

① 何建华：《经济正义论》，上海人民出版社 2004 年版，第 6—16 页。

② 李月芬：《吉林西部草原生态环境评价及其专家系统研究》，博士学位论文，吉林大学，2004 年。

③ 王关义：《中国五大经济特区可持续发展战略研究》，博士学位论文，西北农林科技大学，2003 年。

标的基础之上，通过科技进步等加速开发替代性资源，加速开发有利于环境和资源保护的新的生产和生活方式。同时，可持续发展需要通过减少社会、政治、经济等方面的不平等现象，减少国际、国内的各种冲突，最终实现人类社会的长期和谐发展，实现人类与自然环境的协调共生。[①] 可持续发展价值观对政治、经济、社会、文化等产生了深远的影响，在这种价值观指引下的发展变革以可持续发展为出发点，进行深刻的反思。

共轭的发展价值追求正是在人与人的交往、人与自然的交往过程中，允许大自然遵循自身的存在和进化规律而不被人类过多地干涉。要求人们必须在生态系统的承载能力限度内进行发展设计，尊重自然过程和自然规律，努力实现保持生物多样性与保持环境稳定性前提下自身的成长与发展，并同时体现效率、秩序和正义价值追求。

通过上述分析，共轭的价值追求模式呈现出一个有结构的多元组成：效率、秩序、正义和发展（见图3－6）。我们认为，发展是

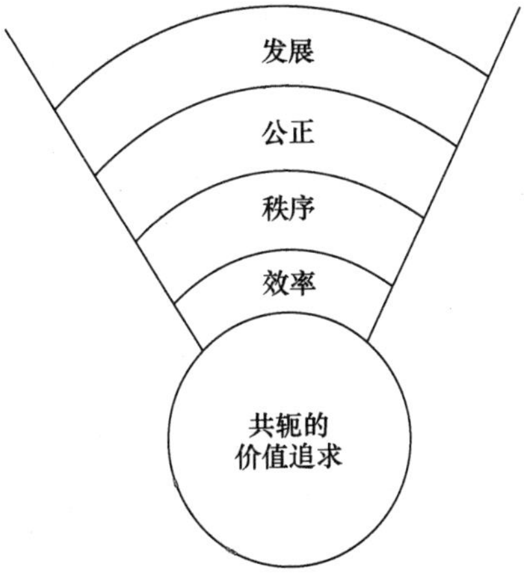

图3－6　共轭价值追求结构示意

① 于晓曼、耿涌、薛冰、董会娟、田旭、刘哲、马志孝：《资源禀赋对区域可持续发展的影响研究》，《生态环境学报》2015年第2期。

共轭的最高价值追求，或者说它是共轭价值追求的核心和灵魂；而正义是共轭价值标准，秩序是共轭价值保障，效率是共轭价值基础。应当说我们并没有打算以共轭为视角设计一种永远不变的价值追求模式，我们深信对这一问题的探讨将随着社会实践的发展和研究的深入可以进一步展开。

第三节　共轭应用的适切性分析

哲学社会科学研究对象的复杂性，要求我们从思维方式上、研究视角与方法上勤于开拓崭新的视野，勇于接受必要的转变，采取综合的、兼容并包的视角来重新解读我们自认为所“熟悉”与“熟知”的世界。

每一种理论在思维上所能把握的情况都可以从深度和广度两个维度来划分。认识的深度决定我们对事物本源、规律的认识和了解。海德格尔（Martin Heidegger）说：“理解是人存在的一种方式”。“我们的任务是把在切近的日常生活中的这种共同此在的方式从现象上收入眼帘并从存在论上加以适当的解释”。[①] 我们的科学进展和社会进步也都是基于这一点展开的。教育经济学作为一个各学科共同对话的领域，反映了系统的庞大与复杂，庞大而复杂的系统必然会有多极主体的角力。共轭强调从整体的、全局的和战略的高度来规划整个系统的变化与发展，强调系统内各种要素之间关系的平衡与协调，通过整合、优化与配置各种系统资源，把互利、合作、共赢作为系统发展的宗旨，并将其贯穿于系统发展的全过程。共轭与系统的发展过程是统一的，贯穿于系统发展的整个过程。共轭要求，为实现系统发展的长远目标，在制定发展规划、选择发展战略、确定发展道路和实施发展举措时，必须既考虑眼前的发展要求，又考虑未来的发展需要，既要注重现时利益，又要重视长远

① 欧阳康：《复杂性与人文社会科学创新》，《哲学研究》2003 年第 7 期。

利益。

共轭思想的科学性、历史性、辩证性，将为高等教育与人才集聚两种投入对区域经济增长的作用研究从战略与策略上引出崭新的思路。

一　共轭是研究视角的创新

从认识论的视角来看，共轭从更新的视野和更深邃的意蕴，揭示了事物的本质及其运动规律，影响着研究思维方式的转变。知识经济时代，共轭视角让我们在分析区域经济增长的问题时，将高等教育投入和人才集聚投入自然地联系在了一起。并不是区域高等教育投入越多就对本区域经济增长的贡献越大，因为人才具有流动性特征。人才的流动性迫使区域在进行各种投入的决策时不得不考虑其高等教育投入的效应。如果没有必要的人才集聚投入，区域在吸引人才方面将很被动，有可能使高等教育投入对本区域的经济增长的贡献很小。所以当区域总投入和其他投入既定的前提条件下，高等教育投入与人才集聚投入自然形成了一对共轭要素。高等教育投入与人才集聚投入此消彼长，相互制约、相互促进。共轭自然形成了对区域经济增长驱动研究的比较适切的视角之一。

通过对教育经济学具体研究视角的创新，使我们的教育经济学研究活动自觉面对复杂的巨型系统，实现研究方法的多样性与统一性整合。共轭视角是一种包纳多样性与统一性的共轭，是有序和无序的统一、必然和偶然的结合。共轭不是能够用简单的方式来加以确定并取代简单性的。当然，我们在研究与实践中引入共轭视角并不是为教育经济学研究找寻出一个万用的法宝和金科玉律，须知共轭也只是人类认识长河中的一个涟漪而已，如果认为它是一个认识的尽头，这个观念本身就是非共轭的。经济增长活动中与高等教育投入对应的共轭要素的挖掘，这对共轭要素之间的关系，以及这对共轭要素如何驱动经济增长，只是这一研究领域的一种别样的方法，它无法否定已有研究方法的科学性与成功之处，我们的头脑一定要保有警醒。

二　共轭是系统观点的延展

共轭系统是一个开放融合的系统、动态平衡的系统，具有反馈性的结构并存在着自组织现象。共轭系统在不断地与外界环境进行物质、能量和信息交换中求得生存与发展。共轭系统的开放性是系统稳定有序发展的必要条件，这种开放是有方向、尺度和控制参量的。即在一定的阈值范围内，通过控制共轭要素的方向、尺度和参量，发挥系统的自组织功能，稳定有序的共轭系统就会显现。人们理想中的共轭状态是指系统内共轭要素共轭驱动系统发展所达成的一种状态。当系统发展过程中的某一时刻处于共轭状态时，其模型如图 3－7 所示。

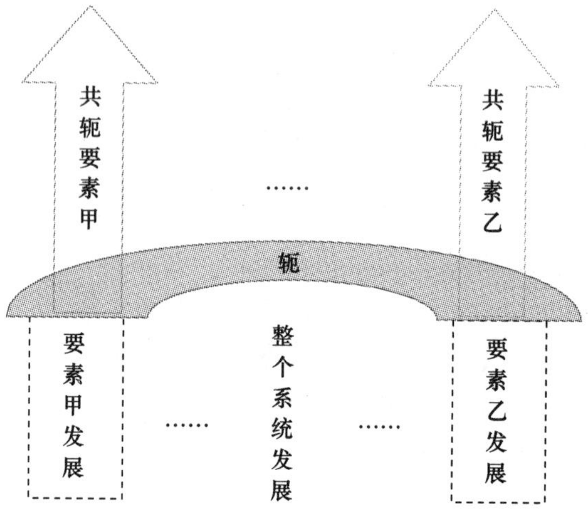

图 3－7　系统共轭状态示意

备注：共轭要素甲、乙向上的箭头表示共轭要素对系统作用力的大小与方向。系统理想的共轭状态是在假设系统总能量和其他要素“固化”的前提条件下，共轭要素作用于系统的力大小相等，方向与系统发展方向一致。

然而实际情况是，共轭要素对系统的作用力大小不等、与系统发展方向不符是常态，只是程度不同而已。不符的程度越高则内耗越大、系统越不稳定。但在一定的阈值范围内，共轭要素通过自组织力使得共轭系统发挥共轭效应共轭驱动系统发展，这样就会出现如图3－5所示的系统的实际发展路径——螺旋式发展路径。区域经济系统是一个要素众多、层次复杂、目标功能多样的系统，其中相互作用的要素、变量是极其复杂的。随着社会的发展和经济增长方式的转变，人才成为影响经济增长最为重要的因素之一。区域在促进经济增长过程中必然会考虑人才的培养与集聚，即如何增加人才要素的数量以促进区域的经济增长。我们在关注高等教育与人才集聚两种投入对区域经济增长的驱动机理的时候，必须摒弃传统的“冲突”观念，以一种发展的眼光、“双赢”的思维来指导实际行动。[①] 在实践过程中，高等教育与人才集聚两种投入要素之间需要引入共轭机制，洞察高等教育与人才集聚两种投入之间的共轭互动，以实现高等教育与人才集聚两种投入对区域经济增长的共轭驱动。这一过程是高等教育发展、人才集聚效果和区域经济增长的合作与共赢。

三　共轭是主体价值的渗透

在一个复杂系统里，主体同样很复杂，他们有着不同方面和不同层次的诉求。相对于母系统，作为一种交往实践[②]，共轭当然是一个由“主体—客体中介—主体”[③] 所构成的子系统。这里的主体就是两个共轭要素，本书可以认为是高等教育与人才工作相关的主体；客体中介则为“轭”，就是人才（人才本身兼具主体性特征）。相对于子系统而言，母系统的主体则表现为对整个经济社会发展有诉求的相关主体，他们可以是不同的个体，也可以是不同的组织。既然共轭和“主体”关联，则主体价值因素的渗透就是个不争的事实，对主体价值的渗透就没有理由不给予足够的重视。对共轭主体价值渗透的研究，旨在通过对这一边际地带的探讨，共同深化共轭

---

① 朱浩：《从线性到非线性：我国大学管理思维的延伸》，《理工高教研究》2009年第8期。

② 任平：《走向交往实践的唯物主义》，《中国社会科学》1999年第1期。

③ 刘林：《走向交往实践的高等教育哲学》，《江苏高教》2014年第4期。

的研究，并阐明共轭标准具有一定的主体价值性。从价值的本质来看，价值是人之为人的终极依据，是主体超越客体规定性的绝对指向，“共轭的价值”指的是共轭的功用，对于人类的意义，即有用性。

（一）结构渗透

所谓结构渗透，指的是通过不同的要素、变量对共轭的渗透、影响。其影响的结果，共轭状态是研究所要关注的。共轭具有客观实在性，不同时期、不同环境，都会有不同的共轭状态。但对共轭状态的判定是离不开研究者主体价值取向的。从终极意义上说，我们所研究的共轭是一定情境下，我们所能理解的共轭，这也许仅仅是共轭这一科学内容中一个部分或者一个层次。由于人的有限理性，我们并不能囊括所有的共轭信息，并看到“客观”的共轭状态。这样，在认识和改造世界的过程中就不可避免出现相关主体的价值渗透。相关主体在研究与实践过程中，只选择那些它有能力进行探索、它认为有意义的部分，其选择的准则当然回避不了它的价值取向。

与自然科学相比，哲学社会科学研究带有更多的主体价值渗透，更难建立起一个普遍的、统一的参照系。哲学社会科学的研究者在社会的大舞台上既是演员又是观众，他在他观看的戏剧中扮演着某一角色，他的研究成果也会造成这出无固定脚本的剧目发生戏剧性的变化。在这种自我参与的情况下，观察和研究都不可能是客观的，它将在决定被观测对象行为的因素中加入一个无法替代也无法排除的新因素。借用量子力学的术语，这可以说是宏观领域的测不准原理，也就是说，社会现象由于哲学社会科学研究主体价值因素不可避免、不可忽略不计的参与和渗透，是不可能准确预言的。对于思维现象，特别是思维领域中的非理性现象，有不同性格特征的研究者会倾向不同的方面，而其研究活动又是其价值因素的重要表征。信奉宗教的研究者与不信宗教的研究者同样研究宗教现象，前者会更多地把自己的情感体验、信仰、习惯倾诉在研究对象中，而后者可能并不这么情绪化，相反，或许要理性得多。总之，研究对象的选择中渗透着研究主体的价值因素，再客观、公正、理性的研究主体也概莫能外，而这种渗透本身也是共轭的必然要求，赋予它的并不完全是负面影响。马克思说过："忧心忡忡的穷人甚至对最美丽的景色都没有什么感觉；贩卖矿物的商人只看到矿物的商业价值，而看不到矿物的美和特性；他没有矿物学的感觉。"①

（二）过程渗透

在整个共轭的研究过程中，价值因素如影相随，时时刻刻发挥其功能和作用。在共轭中价值因素首先体现在科学探索的动机和目的方面。所有的科学的方法都是假设——证明的，这里主要包含经验的归纳证明和理性的演绎证明。任何科学研究通过一次次的证明，一次次的论证，最终都要通过经验和理性加以审查，才能决定其存在的"合法性"。这就需要大量的证据加以证明。这也就是发展的含义——"具有更恰当的证明、更充分的证据、更有力的论证所支持的命题时，我们便毫不犹豫地取代旧有的命题。"②

在一定的情境下，理论体系的建构形式在很大程度上由方法的选定所决定。也就是说，方法的选择与理论体系的构建存在着密切的联系。但是二者之间的联系并不是单一和毫无歧义的。事实上，理论体系的建构是相对独立于方法选择的，而且，确定了的理论体系的建构蓝图，是可以通过多种方法论来实现的。在蓝图的确定过程中会不可避免地渗透科学研究者的价值因素。更为复杂的是，理论一般不能由证据直接推出，因而在证据和理论之间存在裂缝，此时必须用研究主体价值因素来缩小证据和未确定的理论之间的裂缝间隙，更何况我们的语言是有理论偏向的，观察是渗透理论的，这就不免使我们看待世界的方式和估价描述的理论本身充斥着价值评价。爱因斯坦（Albert Einstein）用"内在完备"作为理论评价的价值标准，指的是理论基础——逻辑的简单性。表述这一价值标准存在着很大的困难，因为这是在不能比较的性质之间做出权衡的问

① 《马克思恩格斯全集》第42卷，人民出版社1979年版，第126页。

② 聂锦芳、刘秀萍：《科学活动中的价值渗透》，《社会科学》1995年第4期。

题。库恩（Thomas Sammual Kuhn）用精确性、一致性、广泛性、简单性和有效性作为理论评价是否充分的标准规则。实际上，无论是爱因斯坦的“内在完备”，还是库恩的标准规则，反映的都是研究主体不同的价值意识、间接目标及其相应的不同的价值标准，表现了主体价值评论的主观性与不确定性。这些都是主体价值的充分体现。①

由此看来，主体价值的渗透作用是共轭研究中不容忽视的一个重要方面。忽视这个方面，将背离共轭的实际情况，使我们的研究见“物”不见“人”。因此，本节不仅指出价值因素的渗透是一个无可争辩、也无法回避的事实，而且较为详尽地阐述了这种渗透机制。但是这里并不持很偏激的立场。我们强调价值因素对共轭的影响与作用，但并不把这种影响与作用夸大化。共轭本质上是一种要求客观的、理性的活动。如果站在更高的、更开放的观察点，我们的思路将更为开阔。

---

① 吴东方：《复杂性理论观照下的教育之思》，博士学位论文，陕西师范大学，2009 年。

第四章　高等教育与人才集聚两种投入对区域经济增长的共轭驱动机理

就区域来讲，在一定的时间范围内，高等教育投入是人才积累的根本性投入，没有高等教育投入，经济增长就没有了人才的供给源头，高等教育投入更多地体现了人类长远的发展需求，是区域的责任和义务的体现；人才集聚投入是区域经济社会发展的现实需求所促使的，没有人才集聚投入，就有可能由于人才的流动性造成人才流失，从而不能保证培养的人才能为本区域做出贡献，人才集聚投入体现了区域发展的现时的发展需求。在区域总投入和其他投入既定的假设前提下，高等教育投入和人才集聚投入承载着不同的历史使命，存在着此消彼长的博弈关系。任何一种投入偏少都会让经济社会发展存在“短板”，而经济社会发展的水平是由短板所决定的。所以高等教育投入与人才集聚投入需要达成一种最佳状态——共轭状态，才能实现对经济增长的共轭驱动。

本章内容安排如下：首先，就驱动经济增长的投入要素进行简要分析；其次，对高等教育与人才集聚两种投入要素进行剖析；最后，对高等教育与人才集聚两种投入进行共轭分析。

第一节　驱动经济增长的投入要素解析

相关研究成果显示，驱动经济增长的决定性因素在不同的区域（国家或地区）、不同的时期是不一样的。伴随着经济增长“情境”

的发展变化以及认识工具的不断进步，对驱动经济增长投入要素的认识大致经历了“资本主导论”、“技术主导论”、“人力资本论”等发展变化过程。几种认识虽然在经济增长理论发展的“整个”历程中总体表现出按时间顺序渐进的特征，但也存在着同期的并存和历史的交叉。

事实上，经济增长过程是一个极其复杂的巨型系统，受到各种条件的制约，是多要素共同作用的结果，对驱动经济增长的投入要素进行分析是有必要的。丹尼森在库兹涅茨国民收入核算和分析的基础上构建了丹尼森模型，把观察到的国民收入增长分解成不同因素，如物质资本因素、科技进步因素和人力资本因素等，并重点把“索洛剩余”再次“亚”分解为不同投入要素的组合；又如，教育投入的增加、资本质量的提高、产业内资源转移、规模经济、知识积累等。分析驱动经济增长的主要投入要素并对主要投入要素进行“解剖”（亚分解），对于揭示投入要素对经济增长的驱动机理具有重要价值。

一　物质资本要素解析

（一）物质资本的定义

“物质资本即资本品，是经人类劳动制造出来的中间产品，存在于机器、设备和厂房等形式（劳动资料）或原料、燃料和辅料等形式（劳动对象）上的资本。”① 物质资本是占用时间、消耗资源，在生产过程中产生的，是社会扩大再生产的物质前提。物质资本的多寡，直接关系到经济社会当期产出率的高低和未来生产能力的大小。因此，对物质资本积累的强调古已有之。过去，资本投资是经济增长的决定性因素，也是技术进步、人力资本和知识积累的源泉和动力。如今，人力资本克服了物质资本边际收益递减的魔咒，得到人们越来越多的重视，从而取代了在经济发展过程中物质资本曾经一度占据的主导地位。人力资本再重要，在物质资本尚未能够被无限替代的经济增长时代，物质资本的基础地位还是不能被撼

① 刘晨燃：《论物质资本的积累效应》，《山东经济》2009 年第 5 期。

动的。

特定的历史时期，经济的超常规增长需要大规模的物质资本投入。在物质资本的供给方面，高投入可以通过扩大生产规模来提高生产率并获得高产出，高产出促进形成高收入，高收入使得资本积累的能力增强，又导致了物质资本投入的再增加；在物质资本的需求方面，高投入造成了有效市场的扩大，市场扩大进而刺激了物质资本投资的需求增加，投资增加生产率提高，生产率提高收入则增加。物质资本供给与需求相互促进，形成经济增长的良性循环（见图4－1）。

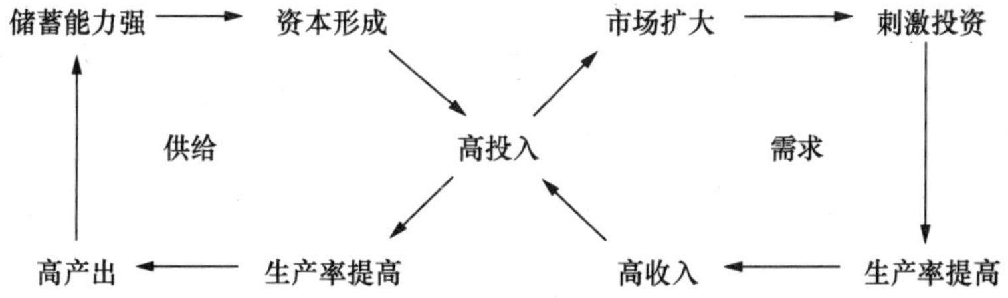

图4－1　增长的良性循环

资料来源：毛健：《经济增长理论探索》，商务印书馆2009年版，第43页。

（二）物质资本的特征

第一，稀缺性。由于资本品本身数量的有限性、人类获取能力的有限性、人口的快速增长、人的欲望的无限膨胀等原因，物质资本同其他资源一样具有稀缺性。稀缺性表现为，在特定的时空范围内，物质资本不能满足经济增长的投入需求。

第二，投资性。物质资本是占用时间、消耗资源，在生产过程中产生的，是需要一定的投入才能获取的，具有显著的投资性特征。

第三，生产性。物质资本是经济增长不可或缺的投入要素，在相当长的历史时期里，物质资本是经济增长的决定性投入要素，即使是在如今的知识经济时代，物质资本可以被有限替代的情况下，物质资本仍然是经济增长的基础性投入要素，不可或缺。

第四，价值性。所谓价值性，即对资本投资的目的是获得预期的价值收益。物质资本具有价值性，表现为人对于物质资本所有者的经济和社会收益。

第五，价值可变性。物质资本的价值具有可变性，具有增值和贬值两种状态。物质资本可以通过合理配置和有效利用提升其外部价值。同样物质资本也会因为折旧等因素出现价值相对贬值等。

第六，专用性。在一个产权明晰的经济体系内，物质资本只能用于特定的用途，它由特定的经济主体拥有或控制，转移用途或转移经济主体，则其所创造的价值就有可能降低。

（三）物质资本的来源

经济超常规增长的大规模物质资本投入需要巨额资金支撑。资金的增长一般来说有两个主渠道：储蓄积累和引进外资。假设 I 为投资，S 为储蓄，M 为产品和劳务的进口加上在国外支出，X 为产品和劳务的出口加上来自国外的收入，则有：$I=S+(M-X)$。

由公式 $I=S+(M-X)$ 很容易看出，国内储蓄是增加投资的有效途径之一。国内储蓄包括家庭储蓄、企业储蓄和政府储蓄。储蓄水平受收入水平和生产率水平的限制，但由于相关主体消费与储蓄意愿的不同而具有一定的弹性。也就是说，较低的生产率水平和较低的收入水平也存在形成较多国内储蓄的可能。就家庭储蓄而言，可以通过利息率的提高来增加家庭储蓄；采取收入稳定、限制高消费等相应的收入政策和消费政策来鼓励家庭储蓄；政府可以通过行政的或经济的手段，进行强制储蓄（强制储蓄只能在宏观调控能力很强的条件下短期选用，应当谨慎采用）。就企业储蓄而言，只要企业拥有独立的法人地位，并形成自觉积累的机制，那么生产率水平越高，储蓄一般会相应增加。一方面可以通过增加企业利润，并合理分割利润与要素收入的比例来增加企业储蓄。另一方面还可以通过建立和完善证券市场，通过发行股票、出售债券来进行融资，变相增加企业储蓄。就政府的作用而言，主要是通过影响宏观经济政策来促进储蓄增长的实现。增加政府储蓄的主要路径有：

第一，有区别地适当提高税率，如特别产品烟酒的税率等。

第二，采取有效的支出政策，如尽可能地减少政府非生产性购买、政府工作人员的各种补贴等，尽可能增加科教文卫、基础设施等的资本支出，直接或间接增加生产绩效较高的行业和单位的支出，为后续储蓄的增加提供更多可能。

第三，积极采取有效的金融政策，一方面刺激全社会增加总储蓄水平；另一方面通过竞争，使资金向更有效的行业或地区集中，提高资金的边际收益率。利率在这里同样可以发挥重要的作用。总之，可以通过家庭储蓄、企业储蓄和政府储蓄的提高来促进物质资本积累程度的提高。

特定的历史阶段，物质资本的增加只靠国内储蓄来进行投入是远远不够的。还必须借助引进外资来实现大规模物质资本投入，进而实现经济的超常规增长。外资引进可以较快地弥补国内储蓄和外汇的不足，为经济增长提供资金支持。外资的引进促使国内投资扩大，形成增长的良性循环，必将有利于国内储蓄的增长。国外政府和国际组织提供的贷款、援助、私人的直接的投资等是国外资金引进的主要形式。无论是国内储蓄还是外资引进都将增大物质资本的投入，但经济增长并不是说物质资本投入多就增长快，还有个投资效率的问题。从某种意义上说，知识经济时代，投资效率的提高更为重要。①

二　科技进步要素解析

（一）科技进步的定义

当经济社会发展到一定阶段，随着物质资本边际收益的递减，科技进步在提高生产率方面发挥着举足轻重的作用。社会财富的增长逐渐地由科技进步及其在生产上的运用来决定。“科学技术是一个集合概念，科学一般是指对客观世界的规律性认识，技术一般是指对客观世界的有效改造。”② 科学是技术的理论指导，技术是科学

① 毛健：《经济增长理论探索》，商务印书馆 2009 年版，第 42—52 页。

② 同上书，第 52—53 页。

的实际运用，科学与技术是辩证统一的。

科技进步作为一个不断变化的过程，其中由于某种标志的变化而让人们印象深刻，学者们将科技进步的历史分为几次科技革命。由于学者们认识的不同，科技革命划分的次数也不尽相同，这里给出隋玉龙（2013）的一种划分：第一次科技革命发生在16世纪的英国，以近代物理学的诞生为标志，后来逐渐形成包括天文学、化学、生物学等在内的近代科学体系。这次科技革命的主要成就在于科学理论体系的飞跃，但由于没有直接体现为社会生产力的提高，未直接催生产业革命，所以不少学者在总结科技革命的时候往往将其忽略了。第二次科技革命以18世纪初在英国的蒸汽机和机械革命为标志。这次科技革命引发了世界历史上的“第一次产业革命”，人类社会从此告别手工业时代，进入了“蒸汽时代”。这次科技革命与上次科技革命相距约150年。第三次科技革命以发端于19世纪的美国电力发明和运输革命为标志，火车和轮船等现代化的交通工具相继出现。此次科技革命引发了世界历史上的“第二次产业革命”，人类进入“电气时代”。这次科技革命与上次科技革命相距约130年。第四次科技革命始于20世纪初，以相对论和量子力学的诞生为标志，现代物理学，特别是航空航天、核能、分子生物学等学科得到极大发展，人类进入“科技时代”。第五次科技革命始于20世纪中期，以电子、计算机和网络信息技术的广泛应用为标志。第五次科技革命引发了人类历史上第三次产业革命——信息产业革命，人类进入“信息时代”。[①] 人类正在或即将步入第六次科技革命。第六次科技革命将在宇宙演化、物质结构、意识本质、新能源与资源、网络信息、先进材料和制造、农业、人口健康等领域取得突破。[②]

（二）科技进步的特征

第一，知识性。科技进步是人们对物质世界各种规律的把握，

① 隋玉龙：《科技革命、产业革命及其影响》，《国际研究参考》2013年第6期。

② 白春礼：《世界正处在新科技革命前夜》，《光明日报》2013年1月21日第5版。

以及在生产过程中与其他生产要素相结合的物化实践。科技进步的知识性表现为科技进步主要以知识形态存在。科技是一个知识系统。在科技进步的实际历史进程中，科技进步表现为知识的不断积累，知识量的不断增加。科技进步在人类的生产、生活中得以不断传承与发展。

第二，加速性。伴随着经济社会的发展，科技进步具有明显的加速性特征，发生新的“科技革命”的周期越来越短。有人综合计算，全世界的知识总量七年到十年翻一番，科技进步的主要体现形式——知识，呈现出惊人的“大爆炸”现象。

第三，两面性。科技进步是一把“双刃剑”，人作为一切活动的主体，科技进步的后果必然具有主体价值标准的渗透。在价值标准下，科技进步具有两面性。一方面，科技进步带来了各种发现和发明成果，使人类逐渐变得强大起来。科技进步让人们更清晰地认识世界，更“娴熟”地改造世界。人们的生活已经离不开科技进步带来的便捷。另一方面，在人们沉浸在科技进步所带来的巨大好处的同时，也逐渐意识到了科技进步的“负面”效果。人类在科技进步的过程中已经不止一次打开“潘多拉盒子”。

第四，共享性。科技进步的主要表现形式是知识，它通过转化为实物形式的产品体现出来，科技进步的成果很容易被传播和模仿，具有明显的共享性特征。这就造成了科技进步的贡献者很难获取科技活动所带来的全部收益。为了保护科技进步贡献者的积极性，需要增强知识产权的保护力度。世界上但凡科技进步快的国家，知识产权保护都相对较好。

（三）科技进步的来源

科技进步一方面改变了人的能力，另一方面改变了工具的能力。科技进步每时每刻都在改变着生产方式和经济增长方式，虽然并不是每次科技革命都会直接引发产业革命，但每次科技进步都是后续产业革命的前提。每一次经济突飞猛进的增长都是科技进步带来的结果。就某一国家或区域而言，现代经济增长需要一定的科技基础和科技转化能力。一定的科技基础分别以某一国家或某一区域的自主创新能力和科技吸收能力为基础。从这个意义上讲，现代区域的经济增长需要科技创新、科技吸收和科技转化的综合能力来共同实现。科技创新能力强调依靠自身力量所取得的新的研究成果，其产生并发挥作用相对较慢；科技吸收能力强调通过消化和吸收已有其他区域的研究成果，使本区域的总体科技水平在短期内得以提高；科技转化能力强调能够将最先进的科学技术推广应用到经济社会发展过程中，实现整个生产技术的提高，从而达成健康、快速的经济增长。

三　人力资本要素解析

（一）人力资本的定义

舒尔茨（1960）给出的关于人力资本的定义广为学界所接受。舒尔茨认为，人力资本是由于对人的投资而形成的，是人作为生产者和消费者的一种能力，表现为人所拥有的知识、技能、经历、经验和健康水平等。在舒尔茨定义的基础上，许多学者提出了自己关于人力资本的概念，综合起来，可以概括为如下几类：

第一，从人力资本的内容来定义，认为人力资本是个人或某一区域人民所拥有的知识、技术和才能。当然还可以拓宽为首创精神、正确的价值观等可以促进经济增长的人的质量因素。

第二，从人力资本的投入来定义，认为人力资本是指人们在教育、职业培训、健康和移民等方面的投入所形成的资本。这类定义人力资本的形成需要投入。

第三，从人力资本的效能来定义，认为人力资本是人所能获得的产出、收益和价值等。

第四，区分个体和群体的人力资本定义，不仅要考虑个体所具有的人力资本，还要考虑群体所具备的人力资本的总和。

群体可以是一个家庭，也可以是一个县域、省域、国家……无论是哪种人力资本的定义方式，都包含如下观点：

第一，人力资本的形成需要投入；

第二，人力资本不是人本身，而是一种具有经济价值的能力，是凝结在人身上的知识、技能、健康等要素，广义上讲，应当还包括创新思维、协作能力、道德情操、职业精神等要素；

第三，人力资本的定义要区分个体和总体。

黄维德等（2012）认为："在个体层面，人力资本是指后天通过一定的途径对人的投资所形成的，凝结在个人身上的具有价值的健康、知识、技能等质量因素的整合；在总体层面，人力资本是指总体人群中所有个体所具有的人力资本的整合，这个总体包括家庭、社区、团队、组织等的成员集合，也包括宏观层面上国家和地区的人民集合。"① 本书更倾向于接受孙淑军（2012）给出的人力资本的定义："人力资本是通过人力资本投资开发形成的人的各种能力的总和，它是体现在人身上的、需要投资才能产生的并能够在未来提供一定收入的生产能力，这种投资包括教育投资、科研投资、培训投资、健康投资、迁徙投资等。与物质资本投资一样，人力资本投资也会带来相应的收益。"② 这一观点把人的生产能力的形成机制与物质资本生产能力的形成机制等同，将人力资本看成一种内含在人自身的资本——各种生产知识与技能的存量总和，而且也包含了个体与群体。

（二）人力资本的特征

人力资本是资本的一种，除具备与物质资本等传统有形资本相同的稀缺性、投资性、生产性、价值性、价值可变性、专用性等特性外，还有其独有的性质。

第一，依附性。人力资本不是人本身但与人本身不可分割，是依附在人身上看不见、摸不着，能够促进经济社会发展的质量因素。这种依附性表现在如下两个方面：（1）对人身的依附。人身是人力资本的天生载体，人所有的才能和智慧都必须依附在活生生的人身上，而且人必须具有劳动能力。人力资本的大小会随着劳动能力的增强而增加，直至死亡。（2）对物质资本的依附。依附在人身

① 黄维德、王达明：《知识经济时代的人力资本研究》，上海社会科学院出版社2012年版，第21页。

② 孙淑军：《人力资本与经济增长——以中国人力资本估计为基础的经验研究》，博士学位论文，辽宁大学，2012年，第10—11页。

上的人力资本必须通过对物质资本的结合与作用，才能将其自身的价值转移并创造出新的价值。

第二，隐形性。人力资本不能被直接认识和把握，它以潜在的形式依附于人体之中，必须在劳动生产过程中才能体现出来。拥有人力资本的人在进行劳动生产活动之前，依附在其体内的潜在的人力资本是不能发挥作用的。也就是说，即使一个人一直接受教育，但如果他从未从事任何生产劳动活动，则这个人只能说是潜在的人力资源。

第三，流动性。人力资本流动是一个空间范畴的概念，由依附性天然地决定。人力资本流动性是指人力资本在工作岗位和工作地域方面的变化，主要是指区域间流进、流出，既包括一国内的流动，也包括国际的流动。21 世纪国家与国家之间综合国力的竞争，实际上就是人力资本的竞争。高素质人力资本已然成为当今世界上最大和最激烈的竞争。美国素有“人才收割机”的称谓就是人才流动性特征的极好例证。

第四，差异性。人力资本的差异性来源于凝结在人身上的由于先天禀赋和后天环境的不同而体现出的不同能力。由于人是复杂的，人力资本必然会受不同个体不同的心理、思想、意识等多种因素的影响，不同个体在其不同的成长过程中，会形成各自不同的、稳定的心理、意识等品质特征，并反映出不同的人力资本其能力是有差别的。根据不同人力资本之间能力的差别，可以将人力资本分为受过高等教育的高级人力资本和受过普通教育的一般人力资本。这也是我国实施“教育强国”、“人才强国”等国家战略的根本动因。

第五，能动性。经济学家魏杰指出，人力资本，相对于货币资本，是一种主动性（能动性）资本。人力资本的载体是人，人作为主体是灵活的、创新的、主动的，没有人的能动性，人力资本的作用就得不到发挥。人力资本所有者将自身的劳动作用于其他资本，创造财富。人力资本实际输出效用的大小与人力资本的载体（人）的状态是密不可分的。人力资本所有者能够主动选择与其他资本结合，而其他资本却只能被动地适应人力资本。在社会发展过程中，如果人力资本所有者的基本需求得不到满足，人力资本就会表现出“偷懒”和“搭便车”；反之，如果人力资本受到相应激励，它就能在消费或者使用中表现出极强的适应性特征和创造性特征。

第六，外溢性。当某个变量发生变化时，这一变量在影响自身的同时，还影响到其他变量，这一现象称为外溢性。人力资本的外溢性表现在，当个人人力资本增加时会提高整个社会人力资本的平均水平，从而加速整个经济社会的发展。现当代经济增长的事实表明，人力资本在推动经济增长方面较物质资本表现得更为有效。

第七，收益递增性。人力资本不同于物质资本的边际收益递减性，其在使用和消费的过程中不会被消耗，反而会由于“干中学”等造成人力资本的不断提高。所以，人力资本这一生产要素呈现出一种边际收益递增的性质特征。

（三）人力资本的来源

传统经济增长模式下，驱动经济增长的人力资本主要依靠其数量来加以实现，人们对人力资本的关注重点也在数量上。伴随着经济增长方式不断变化，特别是知识经济时代到来，让体现创造性和拥有知识的人力资本进入人们的中心视野。也就是说，在知识经济时代，人们对人力资本不仅有数量上的要求，同时还有质量上的要求。人力资本质量的高低决定了知识创新能力的高低，决定了物质资本利用率的高低，决定了科技进步水平的高低，从而决定了经济增长的水平与质量。高质量的人力资本已然成为驱动经济增长的最主要的决定性因素，成为区域竞争力提升的核心要素。那么高质量人力资本的增量来源于何处呢？

第一，人类社会的长远发展本质上要求进行有保障的高等教育投入。对于全人类来讲，人才的增加主要来源于一切可以促进人力资本质量提高和效用发挥的各种投入的总和，而其中各级各类教育投入特别是高等教育投入是最为重要的部分，人们普遍认同高等教育投入可以显著提高人力资本的质量。世界各国均高度重视人才工作和教育工作，科教兴国、人才强国也是我国一直在努力践行的国家战略。对教育和人才的重视本质上是一回事，都是为了提高人力资本的质量，更好地推动人类文明的进步。

第二，区域经济社会的短期发展诉求本质上要求进行必要的区域人才集聚投入。就某一区域来讲，由于人才具有流动性特征，某一区域人才的增加一方面需要高等教育投入进行积累，另一方面则需要相关投入进行集聚。影响人才集聚的投入主要集中在影响人才流进流出的各种投入上，如产业结构调整投入、改善环境的投入、实现个人价值的平台大小的投入、福利待遇投入等。为了稳定并吸引区域经济社会发展所需的人才，区域除了考虑进行高等教育投入，还需要考虑进行人才集聚投入。

分析表明，可以将驱动经济增长的物质资本、科技进步和人力资本分别分解成储蓄积累和外资引进、自主创新和科技引进、教育投入和人才投入。聚焦到区域人才数量增长的时候，同样可以分解为两种形式：人才积累与人才集聚，与之相对应的投入就是“高等教育投入”和“人才集聚投入”。这里，需要说明的是，除物质资本、科技进步和人力资本等几大要素外，还有学者列举了驱动经济增长的其他要素，如制度要素、文化要素等。

第二节　高等教育与人才集聚两种投入要素分析

一　高等教育投入：人才积累的主要路径

高等教育投入的直接形式主要表现为人、财、物。物的投入可以由财转化而来的，当然还可以还原为财的投入。人的投入同样可以由财转化而来，同样可以还原为相应的财的投入。所以，高等教育投入可视为高等教育经费的投入。按照我国政府的统计口径，20世纪90年代以来，我国高等教育投入来源主要有国家财政性高等教育经费、社会团体和公民个人办学经费、社会捐资（集资）办学经费、学费和杂费及其他预算外经费五种。上述五种高等教育投入相互之间的数量差距比较大，社会团体和公民个人办学经费波动较大，目前我国高等教育还是以公办高校为主体。基于高等教育经费来源变化情况及研究的需要，本书根据它们不同的投资主体将主要的经费来源整合为来自政府的教育投资即国家财政性高等教育经费、来自社会的教育投资即社会资金投入及捐赠经费和来自个人的教育投资即学费三大部分。在研究我国高等教育的经费来源和金额时，采用的数据来自《中国统计年鉴》中的“普通高等学校教育经费情况”。

（一）高等教育投入的国家财政性经费

国家财政性高等教育经费，包括高等教育事业费拨款、基建拨款、科研经费拨款和其他经费拨款等国家财政预算内高等教育经费，各级政府征收用于高等教育的税、费，企业办高等学校教育经费、校办企业、勤工俭学和社会服务用于高等教育的经费及其他属于国家财政性高等教育经费。随着高等教育不断发展、经济社会不断进步，高等教育的投入来源呈现出明显的多元化趋势，但是政府对高等教育的投入，即国家财政性高等教育经费投入仍是高等教育经费来源的主体。这主要是因为高等教育的准公共产品属性。发展高等教育可以培养人才、促进科技进步和服务社会，同时还有利于文化传承。在公共财政的框架下，政府对高等教育的财政投入是政府保证社会公平的重要方面。另外，同世界各国一样，我国从法律上保证了政府的财政投入在我国高等教育投入结构中的主体地位。《中华人民共和国高等教育法》第六十条规定：“国家建立以财政拨款为主、其他多种渠道筹措高等教育经费为辅的体制。”[①] 政府对高等教育投入的资金数量和比例，是我国高等教育规模和发展速度的最直接动因和最有力保障。考察国家财政性高等教育投入的绝对数量是不能清晰反映其投入水平的，需要与其他数据参照分析。

1. 国家财政性高等教育经费投入占 GDP 比例情况

财政性高等教育经费是考察政府对高等教育投入的重要指标。

① 《中华人民共和国高等教育法》，http：//www. moe. edu. cn/publicfiles/business/htmlfiles/moe/moe_ 619/200407/1311. html，2014 年 12 月 1 日。

财政性高等教育经费代表了政府对高等教育的支持力度。财政性高等教育经费占国内生产总值（GDP）的比例则综合反映了政府对高等教育支出的努力程度。表4－1列出了2000—2011年的国家财政性高等教育经费和GDP的数据，并经过处理得出了国家财政性高等教育经费增长率、GDP的增长率以及国家财政性高等教育经费占GDP的比例。高等学校含普通高等学校和成人高等学校，本书所涉及的高等教育有关数据仅指普通高等学校的数据。

表4－1　　2000—2011年国家财政性高等教育经费一览

年份	国家财政性高等教育经费（万元）	国家财政性高等教育经费增长率（%）	GDP（万元）	GDP增长率（%）	国家财政性高等教育经费占GDP的比例（%）
2000	5311854	19.86	99214.55	10.64	0.535
2001	6328004	19.13	109655.17	10.52	0.577
2002	7521463	18.86	120332.69	9.74	0.625
2003	8405779	11.76	135822.76	12.87	0.619
2004	9697909	15.37	159878.34	17.71	0.607
2005	10908369	12.48	184937.37	15.67	0.590
2006*	13445778	23.26	216314.43	16.97	0.622
2007	15983187	18.87	265810.31	22.88	0.601
2008	20035116	25.35	314045.43	18.15	0.638
2009	22645083	13.03	340902.81	8.55	0.664
2010	29018026	28.14	401512.80	17.78	0.723
2011	40234989	38.66	473104.05	17.83	0.850

注：*表示2006年国家财政性高等教育经费数据空缺，取前后年的平均数。

资料来源：中华人民共和国统计局：《国家数据（2000—2012）：国家财政性高等教育经费、GDP》，http：//data.stats.gov.cn/workspace/index？m＝hgnd，2013年6月1日。

由表4－1不难看出，国家财政性高等教育经费整体呈现出持续增长的态势，而且增长幅度呈扩大趋势。期间增长幅度有过几次较大的起落。国家财政性高等教育经费增长幅度的起落与相关政策、法规的出台与落实是有联系的，这些政策、法规的出台体现了政府对高等教育重要性的认识程度和对高等教育发展的努力程度。1999年国家财政性高等教育经费的增长率为24.22%，是1998年的16.68%和2000年的19.86%之间的拐点[①]，这应该和1999年的大扩招政策的实施有关。2010年的28.14%和2011年的38.66%高增长率与2010年7月颁布的《国家中长期教育改革和发展规划纲要(2010—2020年)》的对高等教育的综合影响有关。同时，国家财政性高等教育经费增长幅度的起落与经济增长情况也密切相关，因为经济增长水平是高等教育投入水平的基础。2006—2008年国家财政性高等教育经费增长幅度在20%左右，2009年突然降到了13.03%。由表4-1很容易看出，虽然2009年国家财政性高等教育经费占比GDP较往年仍然是提高的，但2009年的GDP增长率从前几年的20%左右突然下降到了8.55%。

和恩格尔定律的本质含义一样，经济发展的规模和水平影响着财政性高等教育经费占GDP的比例，即经济发展的规模和水平影响着国家财政性高等教育经费的投入能力。中国自改革开放以来经济发展取得了巨大的成就，国内生产总值不断增加，2000—2011年增长率基本保持在10%—20%的高位。已有研究成果显示，财政性高等教育经费与国内生产总值正相关，国内生产总值越多，可用于财政性教育投资的资金数量就越多；反之则越少。[②] 从表4-1可以看到，在2000—2011年国家财政性高等教育经费占GDP的比例不断提高。从财政性高等教育经费占GDP的比例可以看出，2000—2011年，国家财政性高等教育经费占GDP的比例从0.535%提高到了0.850%。从中我们可以看出，高速增长的经济为我国政府对高等教育的投入提供了保障。与国家财政性高等教育经费增长率的起落

① 张颖：《我国高等教育投入结构变化及其影响因素研究》，硕士学位论文，山东大学，2013年，第27页。

② 米红、郭书君：《未来十年我国高等教育经费投入状况的理论分析与实证研究》，《教育与经济》2005年第1期。

不定相比，国家财政性高等教育经费占 GDP 的比例呈现出较为稳定的增长趋势。说明国内生产总值是高等教育经费投入的一个决定和限制量，不管高等教育规模如何变化，国家财政性高等教育经费的投入，在占 GDP 比例稳定增长的情况下，总是围绕着国内生产总值的变化而上下波动，这也是高等教育投入受经济因素决定和制约的显著体现。

从反映政府对高等教育投入的努力程度的国际比较上看，我国不仅低于发达国家的平均水平，还显著低于发展中国家的平均水平。①

2. 国家财政性高等教育经费投入占高等教育总经费比例情况

2000—2011 年，高等教育总经费和国家财政性高等教育经费在绝对量上呈较快的增长趋势，但数据显示（见表 4 - 2），2000 年以来，在高等教育经费投入上，国家财政性高等教育经费的贡献比例稳定在较低的水平上。国家财政性高等教育经费占高等教育总经费比例却呈现出先下滑后上扬的“U”形趋势，最高没超过 60%。其中，2003—2009 年均低于 50%，2005 年是比例最少的一年，只有 42.77%。这和 1999 年教育部《面向 21 世纪教育振兴行动计划》的发布促进了民办高等教育的发展是相对应的。1999 年以后民办高等学校和独立设置二级学院得到了长足的发展，2012 年全国民办高校有 707 所，民办独立学院 303 所，民办高校在校生数达到 533.177 万人。② 这使社会资本和个人学费大量涌入高等教育领域，使得在不需要增加太多国家财政性高等教育经费的情况下，高等教育总经费的快速增长能够得以实现。这一点将在比较高等教育总经费结构时进一步分析。在鼓励各种力量参与投入高等教育，促进高等教育在短期内解决投入不足，缓解高等教育供给不足与人民群众需求旺盛的矛盾上具有积极意义。而实际上，作为准公共产品的高

① 岳昌君：《中国高等教育财政投入的国际比较研究》，《比较教育研究》2010 年第 1 期。

② 中华人民共和国统计局：《国家数据：民办高校数、民办独立学院数、民办高校在校生数》，http：//data. stats. gov. cn/workspace/index？ m = hgnd，2013 年 6 月 1 日。

等教育需要政府以不可推卸的责任感和使命感来保障和提高财政性高等教育经费的投入，2005 年左右的“懈怠”是对高等教育投入的市场化作用估计过于乐观的体现。虽然广大人民群众有接受高等教育的强烈需求，愿意将更多资金投入到高等教育领域来获得接受高等教育的机会，但过分强调非国家财政性高等教育经费的投入，势必会影响到其他领域的消费与投资，对整个国民经济的健康发展是不利的。好在国家财政性高等教育经费占高等教育总经费的比例在 2005 年的谷底之后一直处在上扬态势。

表 4－2　2000—2011 年国家财政性高等教育经费占高等教育总经费比例情况一览

年份	国家财政性高等教育经费（万元）	高等教育总经费（万元）	国家财政性高等教育经费占高等教育总经费的比例（%）
2000	5311854	9133378	58.16
2001	6328004	11665762	54.24
2002	7521463	14878590	50.55
2003	8405779	17543468	47.91
2004	9697909	21297613	45.54
2005	10908369	25502371	42.77
2006*	13445778	30922111	43.48
2007	15983187	36341851	43.98
2008	20035116	42102369	47.59
2009	22645083	46450089	48.75
2010	29018026	54978649	52.78
2011	40234989	68802316	58.48

注：* 表示 2006 年国家财政性高等教育经费数据空缺，取前后年的平均数。

资料来源：中华人民共和国统计局：《国家数据（2000—2012）：国家财政性高等教育经费、高等教育总经费》，http://data.stats.gov.cn/workspace/index? m = hgnd，2013 年 6 月 1 日。

参照张颖（2013）的方法估算出2000—2011年我国财政性高等教育经费相对于高等教育总经费的弹性系数为0.94[①]，即高等教育总经费每增长1%，财政性高等教育经费增长0.94%。表明我国财政性高等教育经费的增长速度低于高等教育总经费的增长速度，说明政府在高等教育投入上的努力程度略显滞后和不足。

表4-3 财政性高等教育经费相对于高等教育总经费的弹性系数 单位:%

年份	国家财政性高等教育经费增长率	高等教育总经费增长率
2000	12.34	28.87
2001	19.13	27.73
2002	18.86	27.54
2003	11.76	17.91
2004	15.37	21.40
2005	12.48	19.74
2006	23.26	21.25
2007	18.87	17.53
2008	25.35	15.85
2009	13.03	10.33
2010	28.14	18.36
2011	38.66	25.14
弹性系数	0.9427777	

3. 国家财政性高等教育经费投入占财政性教育经费、财政支出比例情况

根据国家统计局统计指标解释，财政支出是指“国家财政将筹集起来的资金进行分配使用，以满足经济建设和各项事业的需要。主要包括一般公共服务、外交、国防、公共安全、教育、科学技术、文化体育与传媒、社会保障和就业、医疗卫生、环境保护、城

① 张颖：《我国高等教育投入结构变化及其影响因素研究》，硕士学位论文，山东大学，2013年，第32页。

乡社区事务、农林水事务、交通运输、资源勘探电力信息等事务、商业服务等事务、金融监管支出、国土气象等事务、住房保障支出、粮油物资储备管理等事务、国债付息支出等方面的支出。财政支出根据政府在经济和社会活动中的不同职权，划分为中央财政支出和地方财政支出。”① 按照公共财政理论，国家的财政收入与财政支出并不一定相等，根据实际情况，财政收入可能小于财政支出（发行公债），财政收入也可能大于财政支出（财政盈余），财政性教育经费、财政性高等教育经费占政府财政支出的比例反映了教育以及高等教育在政府常规财政支出结构中的地位。政府的财政支出是教育投入和高等教育投入的最主要来源，高等教育财政经费是教育财政经费的重要组成部分。因此，研究财政性高等教育经费、财政性教育经费与财政支出之间的关系及其变化情况有助于洞察政府对高等教育的努力程度。

表 4 -4 给出了 2000—2011 年财政性高等教育经费、财政性教育经费与财政支出增长率情况。表 4 -4 显示，经济的快速发展保障了国家的财政支出水平，2000—2011 年，我国财政支出不断增加，从 15886. 5。亿元上涨到 109247. 79 亿元，采用几何平均法计算得出年平均增长率为 19. 2%。相应地，国家财政性教育经费从 2000 年的 25626056 万元上涨到 2011 年的 185867009 万元，年均增长率为 19. 7%。其中，国家财政性高等教育经费也从 2000 年的 5311854 万元增长到 2011 年的 40234989 万元，年均增长率为 20. 2%。从年均增长率来看，国家财政性高等教育经费增长最快，国家财政性教育经费增长次之，财政支出的增长率最慢。说明，进入 21 世纪以来，我国政府在教育投入，特别是高等教育投入上是越发重视了，和科教兴国、人才强国等国家战略的提出与实施是相吻合的，说明进入 21 世纪以来，国家对高等教育直接投入的努力程度略有提高。

① 中华人民共和国国家统计局：《统计指标解释》，http：//www. stats. gov. cn/tjsj/zbjs/201310/t20131029_ 449523. html，2013 年 6 月 1 日。

表 4－4　国家财政性高等教育经费占国家财政性教育经费比例情况一览

年份	国家财政性高等教育经费（万元）	国家财政性教育经费（万元）	财政支出（亿元）	国家财政性高等教育经费占国家财政性教育经费的比例（%）
2000	5311854	25626056	15886.50	20.73
2001	6328004	30570100	18902.58	20.70
2002	7521463	34914048	22053.15	21.54
2003	8405779	38506237	24649.95	21.83
2004	9697909	44658575	28486.89	21.72
2005	10908369	51610759	33930.28	21.14
2006*	13445778	63483648	40422.73	21.18
2007	15983187	82802142	49781.35	19.30
2008	20035116	104496296	62592.66	19.17
2009	22645083	122310935	76299.93	18.51
2010	29018026	146700670	89874.16	19.78
2011	40234989	185867009	109247.79	21.65

注：＊表示 2006 年国家财政性高等教育经费数据空缺，取前后年的平均数。

资料来源：中华人民共和国统计局：《国家数据（2000—2012）：国家财政性高等教育经费、国家财政性教育经费》，http：//data. stats. gov. cn/workspace/index？ m = hgnd，2013 年 6 月 1 日。

表 4－5 给出了 2000—2011 年每年的国家财政性高等教育经费、国家财政性教育经费、财政支出的增长率情况。从每年的情况看，政府对高等教育直接投入的努力程度是不同的，情况是复杂的，这充分说明国家对高等教育的直接投入受到各种综合因素的影响。2000 年国家财政支出的增长率为 20.46%，而国家财政性高等教育经费和国家财政性教育经费的增长率却只有 12.34% 和 12.04%；2006 年国家财政支出的增长率为 19.13%，而国家财政性高等教育经费和国家财政性教育经费的增长率却均超过 23%；2011 年在国家财政支出增长率为 21.56% 的情况下，国家财政性高等教育经费的增长率是 38.66%，达到了 21 世纪国家对高等教育直接投入历史上的巅峰。

表 4-5　国家财政性高等教育经费、国家财政性教育经费、财政支出增长率比较一览　单位:%

年份	国家财政性高等教育经费增长率	国家财政性教育经费增长率	财政支出增长率
2000	12.34	12.04	20.46
2001	19.13	19.29	18.99
2002	18.86	14.21	16.67
2003	11.76	10.29	11.78
2004	15.37	15.98	15.57
2005	12.48	15.57	19.11
2006	23.26	23.00	19.13
2007	18.87	30.43	23.15
2008	25.35	26.20	25.74
2009	13.03	17.05	21.90
2010	28.14	19.94	17.79
2011	38.66	26.70	21.56

资料来源：中华人民共和国统计局：《国家数据（2000—2012）：财政支出》，http：//data. stats. gov. cn/workspace/index？m = hgnd，2013 年 6 月 1 日。

（二）高等教育投入的捐赠经费

高等教育社会捐赠既是社会公益事业的重要组成部分，又是完善国民收入分配的有效形式。对于高等教育而言，社会捐赠对高等教育的发展具有非常重要的意义。社会捐赠是大学办学经费的重要来源，为高校的学术研究和教学提供了重要的资金支持与保障。社会捐赠是高等教育筹集资金的重要渠道，是推动大学建设和发展的一个重要因素。高校大规模扩招后的经费支出增长迅速，尽管政府拨款逐年增加，但相比高校发展的需求则显得远远不够。这导致了 1999 年扩招后的省属高校生均预算内经费支出逐年下降，部属高校生均预算内经费支出低幅度增长的局面。

1. 我国高等教育社会捐赠历史

近代（清末）以来设立的高校多为私立高校，其中部分是教会学校。民国初期，我国的私立高校进一步发展，1917—1927 年 11 年间，经政府批准设立的私立高校就达 30 所。到 1936 年，私立高校已发展到了 53 所。社会捐助支持了私立高校的创建与发展。可以说，社会力量捐助高等教育是我国近代高等教育的一个优良传统。在高等教育社会捐赠史上，有着一批值得称道的仁人志士。1905 年复旦公学创办之初，由马相伯任校长，严复为总教习。当时要经费没有经费、要场地没有场地，幸好有严复、张謇、熊希龄等 28 人担任校董，他们热心教育事业，积极筹集建校资金，得到了当时任两江总督的周馥的支持。周馥拨付了一万两官银，并出借了吴淞提督衙门作为复旦的临时校舍。① 近现代史上几乎所有的商界名人都曾为教育事业慷慨解囊，如洋务运动后期的代表人物盛宣怀、张謇、经元善、荣德生、卢木斋、叶澄衷、杨斯盛、叶鸿英、简照南兄弟、卢作孚，等等。政界的官僚中也不乏乐善好施者，如徐世昌、黎元洪、梁士诒、张学良、阎锡山、靳云鹏、周自齐等都曾为南开大学捐款，江苏都督李纯竟以 1/4 遗产捐助南开大学。改革开放以来，爱国华人华侨和港澳台同胞也为高等教育慷慨解囊，如李嘉诚、邵逸夫、王永庆、包玉刚等。② 随着改革开放的深入，中国内地掀起了一轮“造富”高潮，伴随着中国富豪的出现，亿万富豪校友成大学捐赠主力。2014 年中国大学校友捐赠排行榜显示：“清华大学校友捐赠 13.23 亿元，创中国大学校友捐赠最高纪录，跃居中国第一；北京大学校友捐赠 12.93 亿元，屈居第二，中国人民大学校友捐赠 7.07 亿元，位列第三，武汉大学校友捐赠 5.43 亿元，跃

① 张姚俊：《启发民智教育救国——马相伯创办震旦学院与复旦公学始末》，《中国档案报》2013 年 4 月 15 日第 3 版。

② 唐万宏：《论我国高等教育社会捐赠的传承与借鉴》，《南京师范大学学报》（社会科学版）2007 年第 7 期。

居全国五强。”①

2. 我国高等教育社会捐赠现状

高等教育快速发展的过程中，高校自身逐渐认识到主动筹集资金的重要性。在我国的1145所本科院校中（2012年数据），已有200多所成立了董事会，大部分高校都成立了教育基金会或校友会。董事会、校友会、基金会在吸纳和管理社会捐赠方面发挥了重要的作用。虽然高等教育的社会捐赠在我国历史较长，并在改革开放以来，由于我国经济的快速发展，社会富裕阶层的不断扩大，已经给社会捐赠提供了较好的基础条件，但相对于我国高等教育投入总量来说，其所占比重还相对偏小，而且来源很不稳定。

表4-6显示，2000—2011年，普通高校社会捐赠经费情况呈现出起伏不定的状态，今年多，明年少。除2002年和2011年较上一年有大幅的增长之外，其余年份的增长都让人感觉心里没底，2000年、2003—2005年、2009年甚至出现了负增长。这和我国高校董事会、校友会、基金会尚是一个新生事物，仍处在探索阶段是不无关系的。现阶段，我国高校吸纳和管理社会捐赠的组织构架相对松散，缺乏有效的管理机制，管理运作机制随意。高校董事会、校友会和基金会大都存名乏实，法律定位不明、成员权责不清、沟通协调不够，难以有效运行，工作形式大于实质。

同时，表4-6普通高校社会捐赠经费占高等教育总经费比例表明，社会捐赠在高等教育发展中的贡献相对很低，在2000—2004年以前勉强超过1%，2005年以后到2010年不到1%，而且呈逐年下降趋势。从2011年有反弹趋势，但也只有0.63%的贡献。说明，随着高等教育的快速发展，社会捐赠对高等教育的贡献基本停滞不前，尽管2011年社会捐赠有较大增幅，但与高等教育发展需要相比还远远不够。这表明在高等教育发展过程中，社会捐赠有较大的提升空间。有了我国改革开放以来的经济腾飞，提高社会捐赠对高等

① 中国校友会网：《2014中国大学校友捐赠排行榜100强揭晓，清华校友豪捐13亿排名第一》，http://www.cuaa.net/cur/2014/16，2013年12月30日。

教育的贡献也具备了重要基础，加上高校董事会、校友会和基金会等组织机构的前期努力，下一阶段重点要在发挥这些机构的作用上下功夫，而且一定大有可为。

表 4 - 6　　普通高校社会捐赠情况一览

年份	普通高校社会捐赠经费（万元）	普通高校社会捐赠经费增长率（%）	高等教育总经费（万元）	普通高校社会捐赠经费占高等教育总经费比例（%）
2000	151828	-6.09	9133378	1.66
2001	172775	13.80	11665762	1.48
2002	278253	61.05	14878590	1.87
2003	256375	-7.86	17543468	1.46
2004	215440	-15.97	21297613	1.01
2005	210796	-2.16	25502371	0.83
2006*	241302.5	14.47	30922111	0.78
2007	271809	12.64	36341851	0.75
2008	286343	5.35	42102369	0.68
2009	261761	-8.58	46450089	0.56
2010	296357	13.22	54978649	0.54
2011	431870	45.73	68802316	0.63

另外，高校社会捐赠分布极不均匀，锦上添花的多，雪中送炭的少。高校捐款主要流向沿海省份和知名高校。中国校友会 2014 年推出的大学校友捐赠排行榜显示，除中南大学、华南理工大学、福州大学和深圳大学四所排名较后（分别为第 17、第 27、第 77、第 98 位）的高校在捐赠前十外，其余均为综合排名前十的高校。而且从前十的校友捐赠来看，最多的和最少的相差 10 亿元之多（见表 4 - 7）。

表 4 - 7　　2014 年中国大学校友捐赠排行前十强

名次	学校名称	所在地区	类型	校友捐赠（亿元）	学校综合排名	星级	办学层次
1	清华大学	北京	理工	13.23	2	6 星	中国顶尖大学
2	北京大学	北京	综合	12.93	1	6 星	中国顶尖大学
3	中国人民大学	北京	综合	7.07	7	6 星	中国顶尖大学
4	浙江大学	浙江	综合	5.86	6	5 星	中国一流大学
5	武汉大学	湖北	综合	5.43	5	5 星	中国一流大学

续表

名次	学校名称	所在地区	类型	校友捐赠（亿元）	学校综合排名	星级	办学层次
6	南京大学	江苏	综合	5.24	8	5 星	中国一流大学
7	深圳大学	广东	综合	2.99	98	3 星	中国知名大学
8	华南理工大学	广东	理工	2.98	27	4 星	中国高水平大学
9	福州大学	福建	理工	2.70	77	3 星	中国知名大学
10	中南大学	湖南	综合	2.26	17	5 星	中国一流大学

资料来源：中国校友会网：《2014 中国大学校友捐赠排行榜 100 强揭晓，清华校友豪捐 13 亿排名第一》，http：//www. cuaa. net/cur/2014/16，2013 年 12 月 30 日。

（三）高等教育投入的学费

基于对高等教育作为准公共产品的认识，在高等教育成本分担理论的影响下，加上进行高等教育大扩招的准备，我国于 1997 年在高校统一实行学杂费。1999 年扩招以来，学费一路大幅度上涨。2000 年生均 3464 元，到 2011 年已经涨到生均 7850 元，收取学杂费成为高等学校办学经费的重要来源之一。从表 4－8 可以看到，学杂费占高等学校总经费的比例不断提高，从 2000 年的 21.09% 到 2011 年的 26.34%，2004—2010 年均超过了 30%。2008 年学杂费占高等学校总经费的比例达到了 33.68% 的峰值，远远超过了最高不逾生均培养成本 25% 的上限。赵善庆（2012）研究显示，高等学校学杂费占人均 GDP 的比例远高于国际平均水平，同时大学的学杂费水平也大大超过了居民的支付能力。① 张颖（2013）通过对城镇家庭和农村家庭高等教育学费负担率的分析显示（见表 4－9），2008 年城镇居民户的学费负担率为 13%，而农村居民户的负担率为 42.84%，相对于家庭收入，特别是农村家庭收入的学费负担率太

① 赵善庆：《我国高校学杂费标准的合理取向及实现途径》，《江苏高教》2012 年第 1 期。

高，已经超过了承受能力的极限。① 好在教育部从2000年开始规定即使物价上涨也不增加学费，21世纪以来高校学杂费的上涨势头呈减缓趋势，普通高等学校学杂费总量的增长率从2000年的59.47%下降到2011年的8.12%；生均学杂费的增长率从2000年的17.17%下降到2011年的4.52%。

表4-8　　　　普通高校学杂费情况一览

年份	普通高校学杂费（万元）	普通高校学杂费增长率（%）	生均普通高校学杂费（万元）	生均普通高校学杂费增长率（%）	普通高校学杂费占高等教育总经费比例（%）
2000	1926109	59.47	0.3464	17.17	21.09
2001	2824417	46.64	0.3928	13.40	24.21
2002	3906526	38.31	0.4324	10.10	26.26
2003	5057307	29.46	0.4562	5.49	28.83
2004	6476921	28.07	0.4857	6.47	30.41
2005	7919249	22.27	0.5071	4.40	31.05
2006	10075582	27.23	0.5794	14.27	32.58
2007	12231914	21.40	0.6489	11.99	33.66
2008	14181277	15.94	0.7017	8.13	33.68
2009	15403469	8.62	0.7182	2.36	33.16
2010	16760756	8.81	0.7510	4.56	30.49
2011	18121026	8.12	0.7850	4.52	26.34

资料来源：中华人民共和国统计局：《国家数据（2000—2012）：普通高校学杂费》，http://data.stats.gov.cn/workspace/index? m = hgnd.

① 张颖：《我国高等教育投入结构变化及其影响因素研究》，硕士学位论文，山东大学，2013年，第65—66页。

表 4－9　　城镇家庭和农村家庭学费负担率

年份	城镇家庭户收入（元）	城镇家庭学费负担率（%）	农村家庭户收入（元）	农村家庭学费负担率（%）
2000	21603.2	16	7750.32	44.7
2001	23598.4	16.6	8139.04	48.3
2002	26498.32	16.3	8517.44	50.8
2003	29143.68	15.65	9019.68	50.6
2004	32411.68	15	10099.84	48.1
2005	36095.92	14	11197.2	45.3
2006	40450.96	13	12339.28	40
2007	47423.84	13.68	14241.6	45.57
2008	54286.64	13	16377.84	42.84

资料来源：张颖：《我国高等教育投入结构变化及其影响因素研究》，硕士学位论文，山东大学，2013 年，第 65 页。

如今地产市场趋冷，土地财政萎缩，地方债务负担加重，受美国次贷危机和欧洲金融危机的影响，中国外贸顺差逐年下降，经济增长逐年放缓。各级政府的财政紧张，必然影响到财政性高等教育经费投入的增长。如果考虑到中国老百姓的实际支付能力和贫富差距悬殊的国情，大部分普通百姓教育支付能力的提升空间已经很小，更别提一部分已经透支的家庭，学费的增长已经没有太多空间。但是，由于改革开放造就了一批优秀的企业家和企业，使得尚处在起步阶段的高校社会捐赠有了挖掘的空间，社会捐赠的增加将成为高校经费投入的一个重要来源。而要实现社会捐赠的提高还有很多工作要做。另外，就是要通过提高高校投入经费的使用效率来解决。

二　人才集聚投入：人才集聚的有效方法

（一）人才集聚的含义

有研究表明，人才集聚让有着不同技能水平的人才在一起合作，大大降低了生产成本，产生了规模效益。为了形成这样的效益，区域会通过各种途径来有效实现人才的集中和组合。有学者认为，人才聚集现象是指在一定的时间范围内，一定数量的相关人才或同类型人才在某一地区或者某一行业所形成的聚类现象，主要表现为空间性、聚类性和规模性。另有学者认为，人才集聚是人才在地理空间流动中的一种特殊现象，是指人才由于受到某些因素（如福利待遇、制度环境、文化环境、发展机会等）影响，从各个不同的区域向特定的区域流动的过程。上述观点有一点是共同的，即人才集聚的空间流动性，只是对形成人才空间流动的动因有不同的看法。本书将结合上述两种观点，将形成人才空间流动的动因整合，保留人才集聚的空间流动性，给出一个人才集聚的定义：所谓人才集聚，是指在区域特定的经济社会发展阶段，在多种综合因素的影响下，多元化的人才在空间上的集中趋势和过程，并发挥“1+1>2”的效应，是人才流动中的特殊现象。区域特定的经济社会发展阶段，是强调人才与区域经济社会发展的适配性，关注的是“区域满意度”问题。体现了人才集聚是区域经济社会特定发展阶段对相关人才集聚的需求。受过高等教育的人才类型和水平如果不能和区域特定的经济社会发展阶段相适应，则人才集聚是负效应的。福利待遇、社会环境、发展机会等综合因素，是强调区域所能提供的具有比较优势的条件，关注的是“个人满意度”问题。体现了人才集聚是人才在寻求工作、生活、学习，进而达成全面发展的最大满意度的一个过程。[①]

人才集聚与人才积累是既有区别又有联系的。两者的区别在于，人才积累主要是体现在劳动力个体身上的各种投入所形成的人力资本素质的变化，按照本书对人才是受过高等教育的限定，人才积累是高等教育投入所形成的人力资本素质的变化，主要表现在人力资本个体身上，具有长期性、滞后性特征。人才积累的长期性是说高等教育投入是一个长期的投入，不是一劳永逸的，需要年复一年地不断进行投入；人才积累的滞后性是指高等教育投入引起的人力资

---

① 李光红、孙丽丽、李文喜：《演化博弈视角下人才集聚关键影响因素及发展路径研究》，《东岳论丛》2013 年第 11 期。

本的变化不是一蹴而就的，需要经过一段时间才能形成并对经济社会发挥作用。人才集聚是指人才在地理空间上的集中趋势和过程，是人才流动中的特殊现象，主要是体现在整体人力资本水平上的，是许多个体的集合，主要表现为短期性、时效性。两者的联系在于，人才积累为人才集聚提供了重要的基础；反过来，人才集聚的水平越高，经济增长速度越快，越有条件进行高等教育投入，促进人才积累。

（二）人才集聚的影响因素

人才集聚的巨大地区差异是大多数学者认可的，也是无法回避的现实。表 4 – 10 列出的“受高等教育从业人员占比”这一人才集聚指标是一个相对量，与受高等教育从业人员的绝对数量和从业人员数量均相关，可以用来表征从业人员的相对质量而非绝对数量。表 4 – 10 显示，我国省域人才集聚情况差别巨大，北京一直处于人才集聚的绝对优势地位，北京从业人员中受过高等教育的人员（人才）比例一直超过三成，2011 年超过五成。上海紧追北京，从业人员中受过高等教育的人员（人才）比例接近三成。天津稳居第三，从业人员中受过高等教育的人员（人才）比例在两成左右。云、贵、川、藏等地区近五年的平均情况显示，每 100 个从业人员中仅有 5 人左右受过高等教育，在人才集聚方面处于绝对劣势，呈现出典型的“东西差距”。有学者认为，人才集聚的东西部地区差异，是由于东部地区具有明显的资源与环境优势，同时东部发达地区是我国最先实行改革开放的地区，市场机制发展比较早，具有制度供给的比较优势等。表 4 – 10 显示，这种简单的“东西”差距的划分方法并不能解释所有的现象。比如，江苏、浙江等经济比较发达的省份，在人才集聚上并没有显示出比较优势，反而经济欠发达的青海、宁夏等地区在人才集聚方面超过了江苏和浙江两省。这种现象与地区产业结构所引致的从业人员结构，以及从业人员数量等因素相关。为了提高研究结论的科学性，考虑到相邻区域存在的“趋同效应”，本书将选取经济发达且一体化程度比较好的长三角地区江苏省和浙江省两个相邻省域为研究对象。

表 4-10　　分地区受高等教育从业人员占比情况　　单位：%

地区	2006 年	2007 年	2008 年	2009 年	2010 年	2011 年	平均
全国	6.6	6.6	6.9	7.5	10.1	13	8.45
北京	35.7	34.2	32.8	35.9	39	50.3	37.98
天津	17.3	17.4	16.9	17.9	21.5	26.7	19.62
河北	4.3	4.4	5	5.7	7.7	11.1	6.37
山西	8.1	7.9	7.2	7.9	10.8	12.9	9.13
内蒙古	7.4	7.9	7.8	8.1	12.4	16.6	10.03
辽宁	9.6	9.7	11.7	12.2	13.6	13.6	11.73
吉林	6.5	7.4	7.6	8.6	10.6	12.4	8.85
黑龙江	7.3	7.5	6.5	7.1	10.3	9.5	8.03
上海	28.4	27.7	29.2	31.3	28.3	32.1	29.50
江苏	8.2	6.7	6.6	7.3	12	13.7	9.08
浙江	8.7	8	8.9	10.4	11.6	15.9	10.58
安徽	3.7	3.5	4.1	3.9	7.5	8.6	5.22
福建	6.4	7.3	7.4	12.1	10	15.7	9.82
江西	5.9	8.9	6.9	7.5	7.2	8	7.40
山东	5.2	5.2	5.6	5.9	8.9	13.9	7.45
河南	4.4	4.1	4.5	5	6.8	8.6	5.57
湖北	7.6	6.8	7.1	7.8	9.2	14.1	8.77
湖南	5.5	5.6	5.6	5.7	7.9	14.8	7.52
广东	7.3	8.1	8.7	7.8	10.7	12.5	9.18
广西	5.3	4.3	3.7	4.4	7.4	8	5.52
海南	6	5.2	6.1	6.1	9	11.4	7.30
重庆	5.1	4.1	3.9	5.4	10.4	11.4	6.72
四川	3.7	4.1	3.3	5.5	7	8.8	5.40
贵州	3.4	4.2	4.5	3.7	7.1	8.4	5.22
云南	3.6	3.5	3	3.2	6.5	8.8	4.77
西藏	0.5	0.3	0.3	0.3	7.1	18.5	4.50
陕西	7.5	8.1	8.9	8.4	10.5	16	9.90
甘肃	3.6	4	5.2	5.1	8.1	11.5	6.25
青海	8	9.2	9.3	10.2	11.5	16.7	10.82
宁夏	8.8	9.3	9.3	9.4	12.7	15	10.75
新疆	11.2	10.6	11.3	11.3	13.9	16	12.38

资料来源：根据《中国劳动统计年鉴》（2007—2012）分地区全国就业人员受教育程度构成数据计算得出。

马立恒（2010）通过对吴中经济开发区的实证分析，发现如下因素对人才集聚的影响作用显著。一是产业结构，随着产业结构的转变，第一产业人才所占的比重在不断降低；第二产业人才所占的比重在不断上升；第三产业人才所占的比重终将超过第一、第二产业。在知识经济时代，随着产业结构的变化，第三产业终将成为主导产业，与之匹配的人才集聚是必然的。要想集聚人才，调整和优化产业结构是需要进行必要的投入并进行先行引导的。二是福利待遇，即各种福利待遇越是优越的地区越能吸引人才。三是社会环境，主要包括自然环境、人文环境、制度环境等，即社会环境越好人才越容易集聚。四是发展机会，即越有利于人才全面发展的地区其吸引人才的能力越强。当然这些因素与人才集聚之间是一个综合影响的过程，人才集聚投入是一个综合投入。同时，不同地区、不同地区不同的发展阶段，具体情况是不同的，各要素对人才集聚的影响也是不同的。①

（三）人才集聚投入

人才集聚投入，主要是指用来吸引人才并促使人才快速集聚的各类投入，比如福利待遇投入、社会环境投入（包括自然环境投入、人文环境投入和制度环境投入等）、发展机会供给投入等。人才集聚投入是一个非常复杂的投入体系，各项指标，特别是一些软指标在量化上存在一定的困难，比如人文环境投入、制度环境投入等的量化就是一个比较棘手的问题。然而，无论人才集聚投入如何难以把握，有一点是可以肯定的，即随着经济增长方式的转变，人才在经济增长中的重要作用越来越被人们所认识与接受。各级政府都努力在其行政管辖区域主动营造良好的环境，提供具有比较优势的福利待遇吸引人才，促进人才在区域内集聚。为了达到《国家中长期人才发展规划纲要（2010—2020 年）》（以下简称《纲要》）提出的战略目标之一：“主要劳动年龄人口受过高等教育的比例达到

---

① 马立恒：《区域人才集聚的影响因素与政府人才政策——基于吴中经济开发区的实证研究》，硕士学位论文，苏州大学，2010 年，第 25—35 页。

20%，每万劳动力中研发人员达到43人年，高技能人才占技能劳动者的比例达到28%。人才的分布和层次、类型、性别等结构趋于合理。”《纲要》提出了基于加大物质投入和改善社会环境的具体的体制机制创新方案、一系列重大政策和重大人才工程。地方政府在其《中长期人才发展规划纲要（2010—2020年）》中也有更为具体的人才集聚投入规划。但在人才集聚投入的量化过程中，具体的人才集聚投入数据还是比较难把握的。本书将在假设区域人才集聚结果与人才集聚综合投入正相关的前提下，用人才集聚的现状来代替人才集聚投入进行进一步的分析。

第三节　高等教育与人才集聚两种投入的共轭分析

知识经济时代，经济增长已经由资本密集型向知识和技术密集型转变，高新技术在经济增长方面具有高附加值，知识已经成为最为重要的生产要素和经济增长的源泉，而人才是知识的能动载体。经济发展最终取决于人才数量的多寡与作用大小的发挥。为转变经济增长方式以适应知识经济时代的要求，党的十八大报告进一步强调科技创新是提高综合国力和社会生产力的战略支撑，必须摆在国家发展全局的核心位置，提出了实施创新驱动的国家发展战略。科技创新需要人才，人才是我国经济社会发展的第一资源。如前文所述，高等教育投入是人才积累的根本性投入，更多地体现了人类长远的发展需求；人才集聚投入是区域经济社会发展的现实需求所促使的，体现了区域发展的现时的发展需求。就某一区域来讲，当区域总投入和其他投入既定的假设前提下，高等教育投入和人才集聚投入存在着此消彼长的关系，是一对共轭要素。

一　高等教育与人才集聚两种投入的共轭质性分析

区域经济增长所需要的人才主要来源于两个方面：人才积累与人才集聚。人才积累通过高等教育投入进行培养，人才集聚则通过人才集聚投入产生集聚。即在某一区域内，人才需要“高等教育投入”进行积累和“人才集聚投入”进行集聚。由于人才具有流动性特征，凝结在人才身上的高等教育投入会随着人才的流动而在区域间迁入迁出。即区域高等教育投入不一定都作用于本区域，可能由于人才的流出而作用于其他区域；作用于本区域的高等教育投入也不一定都是本区域的高等教育投入，可能是由于人才的流入而带来的其他区域的高等教育投入。这样，区域内的人才规模除了要通过高等教育投入进行积累外，还需要通过人才集聚投入进行集聚。高等教育与人才集聚两种投入共同保障了区域内的高等教育发展和人才规模，两种投入不可偏废。缺少了高等教育投入，区域就懈怠了对人类社会长远发展的责任和义务，人类社会的长远进步就得不到保障；缺少了人才集聚投入，区域短期经济社会发展的诉求就很难实现，区域经济社会的当代进步就缺少了有力的支撑。鉴于高等教育投入是人类社会长远发展的必然需求，随着人们对高等教育投入重要性认识的不断深入，高等教育投入的底线已经由国家法律予以保障，从某种意义上讲，区域高等教育投入已然成为区域不可推卸的并基本达成自觉的一种责任和义务；同样，区域人才集聚投入也是区域当下经济社会发展的内在要求，更多地体现了区域对经济发展效率的现实诉求。

《国家中长期教育改革和发展规划纲要（2010—2020 年）》明确提出要加大教育投入，要求严格按照教育法律法规规定，大幅增加并优先保障教育投入。加大高等教育投入是实施“优先发展教育，建设人力资源强国”战略的重要组成部分，也是高校通常自感经费不足，永远都不会嫌经费多的必然诉求。《国家中长期人才发展规划纲要（2010—2020 年）》也明确提出：“实行人才投资优先，健全政府、社会、用人单位和个人多元人才投入机制，加大对人才发展的投入，提高人才投资效益。”就某一区域而言，在区域总投入水平既定的条件下，且假设其他投入不变，高等教育与人才集聚两种投入存在着一种相互联系、相互影响并趋于帕累托最优的理想状态，使得两种投入既能够满足高等教育发展需要，又能够实现人才队伍建设，进而协调对称地相互影响、相互制约，形成共同驱动经济社会要素紧密联系、整体功能协调、对环境适应性强的稳定发展状态。

高等教育投入与人才集聚投入之间的关系符合共轭的内涵及特征，共轭视角可以用来认识高等教育投入与人才集聚投入对经济增长的驱动机理。高等教育投入与人才集聚投入是一对共轭要素，通过“人才”这个既抽象又很容易被接受的“轭”来驱动经济增长。也就是说，在知识经济时代，人才可以视为高等教育与人才集聚两种投入的“轭”，根据“共轭”的性质及特征，可以认为只要高等教育与人才集聚两种投入达到共轭状态，必然会实现对经济增长的共轭驱动。

二　高等教育与人才集聚两种投入对区域经济增长的共轭驱动机理

所谓机理，是指在实现系统功能的过程中，各要素的内在工作方式以及诸要素在一定环境条件下相互联系、相互作用的运行规则和原理。前文已经交代，共轭驱动就是共轭要素通过轭推动整个系统结构相对稳定、要素联系紧密、整体功能协调、对环境适应性强，并向着预设目标发展的过程。那么共轭驱动机理就是指，为实现经济增长的目标，高等教育投入与人才集聚投入两要素驱动经济增长的内在工作方式，以及在一定的条件下高等教育与人才集聚两种投入要素相互联系、相互作用的运行规则和原理。共轭驱动的动力来自共轭要素的自组织原动力，是共轭要素自组织原动力相互作用的结果。

在一定的时间范围内对区域进行考察的时候，由于系统发展受到多极主体不同诉求的综合影响，区域高等教育投入与人才集聚投入相互作用的内在工作方式往往表现为源于两种投入要素的自组织原动力。区域高等教育投入和人才集聚投入这对共轭要素的自组织原动力可以分为相互“制约（竞争）”和相互“促进（妥协）”两种密不可分的动力。

相互制约（竞争）是因为在总投入和其他投入既定的前提下，

高等教育发展与人才队伍建设的投入会因为相互竞争而此消彼长，是相关主体追求自身利益最大化的必然现象。增加了高等教育投入势必会减少人才集聚投入，反之增加了人才集聚投入必然会减少高等教育投入。

相互促进（妥协）是因为如果偏重了高等教育投入，而不重视人才集聚投入，即使培养了大批人才也会因为人才的流动性而流失，这样某一区域即使为人类长远发展做出再大的贡献，也不能为本区域近期的经济增长提供必要人才资源，区域经济增长就没有了最重要的人才要素的保障；同样，如果偏重人才集聚投入，而减少高等教育投入，则会影响高等教育的发展，这样也许某一区域能够在短期内集聚大量人才，但没有为人类长远发展履行自己的责任和义务，人才积累的总量就会减少，最终影响到整个人类社会的发展，区域经济同样不可避免地会受到影响。即区域高等教育投入和人才集聚投入缺一不可，互为基础，所以，相关主体在追求自身利益最大化而相互竞争同时，又不得不进行必要的相互妥协。

在一定的时间范围内，可以将区域人才积累与人才集聚统一起来考察。区域高等教育投入与人才集聚投入缺一不可，而且不可偏废，必须协调对称地相互影响、相互制约，这样才能促进区域经济发展相对稳定、要素紧密联系、整体功能协调、对环境适应强。从而，区域高等教育与人才集聚两种投入相互联系、相互作用的运行规则和原理就是，区域高等教育与人才集聚两种投入必须要有一个恰到好处的“度”——共轭状态，既能满足高等教育和人才队伍建设相关主体的需要，又能共轭驱动区域经济社会的发展，进而满足多极主体的综合需求。

所以，共轭状态是区域高等教育发展、人才队伍建设和经济增长等相关多极主体根据实际情况，综合带有主体价值渗透的认知进行相互竞争与相互妥协的博弈的结果。这种相互竞争、相互妥协的博弈使得区域高等教育与人才集聚两种投入趋向共轭状态，进而实现了对区域经济增长的共轭驱动。图 4 - 2 给出了高等教育与人才集聚两种投入对区域经济增长的共轭驱动机理示意。

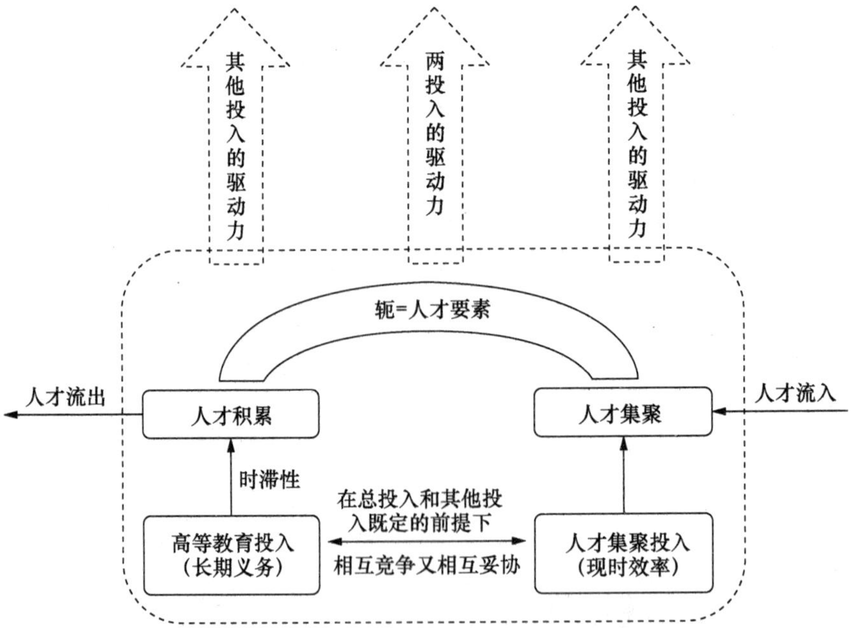

图4－2　高等教育与人才集聚两种投入对区域经济增长的共轭驱动机理

三　高等教育与人才集聚两种投入的共轭状态

经济增长为高等教育投入与人才集聚投入的增长提供了基础。人们对人才重要性的认识为高等教育与人才集聚两种投入的共同增加提供了可能性。对高等教育在人才积累方面的作用的认识已经被法律规定予以保障，这至少保障了高等教育投入的底线。对人才集聚作用的认识，促使政府、社会、家庭等多极主体都能够重视人才集聚的综合投入来吸引人才。

区域高等教育与人才集聚两种投入是否处于共轭状态是一个情境命题，即随着高等教育发展、人才队伍建设和经济增长等情境以及人们（有着不同利益诉求的多极主体）的认知情况的不同而不断变化。是以高等学校、政府、社会和家庭等多极主体都相对满意的一种“帕累托最优”状态。劳动密集型、资源密集型以及资本密集型等经济增长方式为主的环境下，经济增长对人才的诉求相对较少，人们对人才集聚投入的诉求就相对较低。此时，高等教育投入与人才集聚投入的共轭状态可能较低的人才集聚投入即可满足，而且由于对人才的重视不够，有可能同时出现高等教育投入力度不足的情况。如今，伴随着经济增长方式向技术（知识）密集型转变，经济增长对人才的需求以及人们对人才和高等教育的重视程度达到前所未有的程度，加上经济持续增长提供的有力基础，通过多极主体的共同努力，出现了高等教育和人才集聚两种投入均稳步增加的情况。只是在这一过程中，高等教育与人才集聚两种投入的共轭状态是一条分别都处于增长状态，但增长幅度呈现出此消彼长的动态平衡曲线。

区域高等教育与人才集聚两种投入理想的共轭状态图景是，在总投入及其他投入既定的前提下，当高等教育与人才集聚两种投入处于共轭状态时，高等教育的发展、人才队伍的建设以及经济社会的发展都能得到相关主体比较满意的认可，如果有任何一方不满意，则会通过多极主体相互博弈所产生的“自组织原动力”的影响进行“自发”的调节。即如果多极主体经过“博弈”后达成“共识”，感觉高等教育投入相对于人才集聚投入过多或过少，则会自发调整两种投入的比例。如前文所述，共轭状态由于不同主体的认知不同而不同，具有“主体价值渗透”，这就需要在研究过程中预设一个“相对标准”来考察区域高等教育与人才集聚两种投入是否处于共轭状态。这个相对标准可以是人们普遍认可的某一地区的状态，这也是落后地区学习发达地区趋向理想共轭状态的一种体现；也可以是具有竞争关系的两个地区（系统），通过互为共轭参照系而趋向竞争性共轭状态的一种体现。无论哪种方式设定共轭状态目标，这一共轭状态均具有主体价值渗透性。本书将以江苏、浙江两省竞争性共轭状态为共轭驱动目标来研究高等教育投入对区域经济增长的共轭驱动，即研究高等教育与人才集聚两种投入对经济增长的共轭驱动。当区域高等教育与人才集聚两种投入趋于共轭状态时，经济系统内耗减少，对环境适应性强，系统更加稳定，则区域经济可以实现平稳较快地增长，否则会出现“短板效应”，区域经济增长就会放缓且波动较大。区域高等教育与人才集聚两种投入的共轭状态如图 4－3 所示。

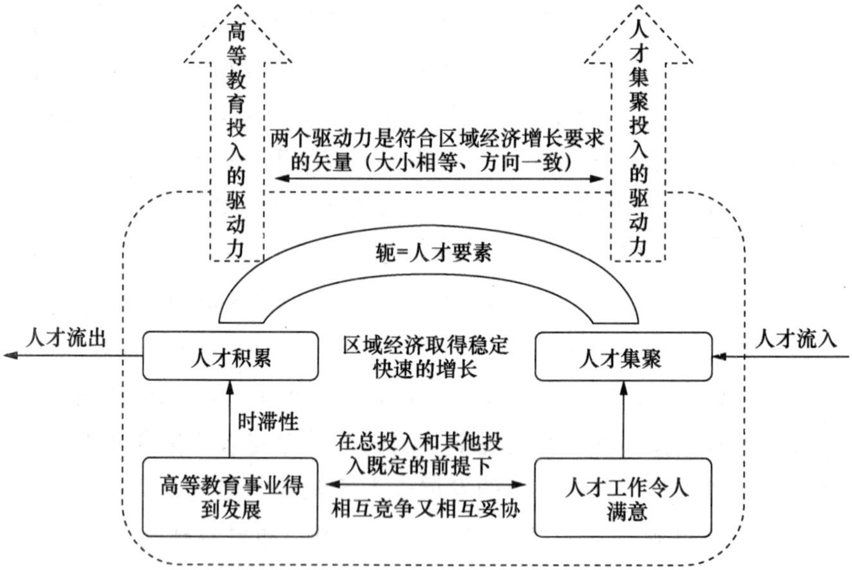

图 4-3　高等教育与人才集聚两种投入的共轭状态

第五章　高等教育与人才集聚两种投入对区域经济增长的共轭驱动模型

在数学方法日益完善、应用日益广泛的今天，为了准确洞察研究对象，人们往往借助数学模型来进行定量研究。在第四章分析高等教育与人才集聚两种投入对区域经济增长的共轭驱动机理的基础上，构建和优化相关模型成为可能。

本章内容安排如下：首先，介绍几种相关的经典经济增长理论模型；其次，构建区域高等教育与人才集聚两种投入的共轭判别模型；最后，构建高等教育与人才集聚两种投入对区域经济增长共轭驱动的检验模型。

第一节　经典经济增长理论模型

一　柯布—道格拉斯生产函数

柯布—道格拉斯生产函数最初是由美国数学家柯布（C. W. Cobb）和经济学家保罗·H. 道格拉斯（Paul H. Douglas）共同探讨投入和产出关系时，根据1899—1922年美国制造业部门的相关数据构造出来的，他们在生产函数的一般形式上引入了技术资源要素，在1928年提出这一生产函数并发表在《美国经济评论》上。该生产函数在经济学中被广泛使用，它在数理经济学与计量经济学的研究与应用中都具有非常重要的地位。柯布—道格拉斯生产函数是现代经济增长分析的基础，通过该函数可以分解出资本投入、劳动力投入和技术进步对经济总量的不同贡献，因此在经济理论的分析和实证研究中都具有重要的意义。在人力资本理论的指导下，柯布—道格拉斯生产函数的一般形式是：

$$Y = AK^{\alpha}L^{\beta}$$

其中，Y 表示产出，A 表示技术水平，K 表示资本投入，L 表示劳动力投入，α 和 β 分别表示资本投入 K 和劳动力投入 L 的产出弹性。具体而言，指数 α 表示资本弹性，说明当资本增加 1% 时，产出增长 α%；指数 β 表示人力弹性，说明当投入生产的人力增加 1% 时，产出增长 β%。

柯布—道格拉斯生产函数具有许多重要的性质和结论：

（1）$\alpha + \beta > 1$ 时，称为递增报酬型函数，说明按照现有技术用扩大规模来增加产出是有利的；

（2）$\alpha + \beta < 1$ 时，称为递减报酬型函数，说明按照现有技术用扩大规模来增加产出是得不偿失的；

（3）$\alpha + \beta = 1$ 时，称为不变报酬型函数，说明生产效率并不会随着生产规模扩大而得到提高，只有提高技术水平才能提高经济效益。

从柯布—道格拉斯生产函数提出的时期看，$A = 1.01$，$\alpha = 0.75$，意味着当时美国经济的增长主要是由资本和劳动力的投入增长所致，其中劳动力所引起的增长幅度要大于资本所引起的增长幅度。

为了研究的方便，一般对柯布—道格拉斯生产函数两边同时取对数：

$$\ln Y = \ln A + \alpha \ln K + \beta \ln L$$

从而把柯布—道格拉斯生产函数转化成线性函数的形式，这有利于方便、简洁的数学处理。

二　索洛—斯旺模型

1956 年美国经济学家索洛和斯旺将技术进步作为一个外生变量引入经济生产函数中，考虑技术进步对经济增长的作用，从而得到了一个新的经济增长模型——索洛—斯旺模型。索洛—斯旺模型的基本方程是：

$$\frac{\mathrm{d}k(t)}{\mathrm{d}t}=sf[k(t)]-(n+\delta)k(t)$$

其中，$k(t)$表示人均物质资本存量，$\frac{\mathrm{d}k(t)}{\mathrm{d}t}$表示人均物质资本存量的变化，$s$表示储蓄率，$sf[k(t)]$表示人均实际投资，$n$表示劳动力增长率，$\delta$表示折旧率。上面的方程在经济学上的含义是：人均实际投资$sf[k(t)]$主要用于两个方面：一方面用于资本的深化，也就是方程中$\frac{\mathrm{d}k(t)}{\mathrm{d}t}$；另一方面用于资本的广化，即$(n+\delta)k(t)$，该项也可以理解为新工人所拥有的资本和弥补折旧所需资本之和。索洛—斯旺模型重点研究和讨论了经济增长率、劳动力增长率、资本增长率和技术进步率之间的内在关系，从而得出的结论是：产出增长率可以视为劳动力增长率和技术进步率之和，并与资本的增长率相等；人均产出的增长率等于技术的进步率。如果技术的进步率为零，也就是技术没有更新，那么产出的增长率等于劳动力的增长率。

三　宗泽宏文—卢卡斯模型

人力资本已经成为现代经济的发动机，目前很多落后地区的经济增长速度并没有预期的快，归根结底是由人才的大量流失造成的。宗泽宏文（Uzawa）和卢卡斯（Lucas）认为，人力资本的投资不仅可以增加人力资本的存量，而且还可以带来知识的积累。知识财富的不断积累将会不断提高物质资本的生产率，从而可以解决物质资本边际报酬递减的问题，使得经济长期保持增长成为了现实。卢卡斯于1988年利用动态规划理论研究了最优人力资本投资和最优经济增长之间的内在联系，并建立了人力资本溢出模型。在卢卡斯模型中假设经济分为两个部门：一个是消费品和物质资本生产部门，另一个是人力资本生产部门，两个不同的生产部门具有不同的经济生产函数。宗泽宏文—卢卡斯模型的基本函数形式是：

$$Y=AK^{\alpha}[u_tH]^{1-\alpha}$$

其中，Y表示实物产品（可消费品以及物质资本上的总投资）

的产出，A 表示技术水平并假设技术水平保持不变，K 表示物质资本存量，H 表示人力资本存量，α（$0\leqslant\alpha\leqslant1$）表示物质资本在消费品和物质资本生产部门所占的份额，u_t（$0\leqslant u_t\leqslant1$）表示生产中使用的人力资本的比例，该项也称为有效劳动。

宗泽宏文—卢卡斯模型也存在着一定的不足，比如该模型中假定技术水平是一个常数并保持不变；该模型中也未能够将受教育与工作经验两种人力资本积累的方式进行有效的结合；此外，宗泽宏文和卢卡斯也没有涉及人力资本初始状态对经济增长起到的作用，初始人力资本的水平对人力资本存量以及经济的增长短期内的影响是无法避免的。

四　曼昆—罗默—威尔模型

曼昆（G. Mankiw）、罗默（D. Romer）和威尔（D. Weil）于1992 年在索洛模型的基础上将 1960—1985 年间的国家分为三大样本：对 98 个非石油国，76 个发展中国家，22 个人口超过 100 万的 OECD 国家建立计量模型进行实证分析，结合了物质资本投资、人力资本投资以及人口增长率三大变量，借助规模报酬不变的柯布—道格拉斯生产函数得到一个新的经济增长函数——曼昆—罗默—威尔模型（简称 MRW 模型）：

$$Y=K^{\alpha}H^{\beta}(AL)^{1-\alpha-\beta}$$

其中，Y 表示总的产出水平，K 代表物质资本存量的水平，H 代表人力资本存量水平，A 代表技术水平，L 代表以 A 为技术效率指数的劳动力数量，α 和 β 分别表示物质资本和人力资本所占的份额。通过 MRW 模型的研究和分析，可以发现包含人力资本投资的新经济增长模型可以解释为什么不同的国家和地区每个工人的平均产量有 80% 左右的差距这一现象。因此，MRW 模型为经济增长的实证研究和分析提供了一个崭新的研究思路和方法。也正由于 MRW 模型具有这样的影响力，后来有很多学者又试图通过建立各种推广的 MRW 模型来研究和分析不同地区经济增长与收入之间存在的差异。

此外，注意到经济增长的产出指标 Y 一般是正的，变换模型也经常被用来描述经济问题。①

第二节　高等教育与人才集聚两种投入的共轭判别模型

一　模型建构的方法与理论基础

共轭程度的分析实际上属于数据分类问题，常用的分类方法主要有固定分类和自动分类两种。其中判别分析法是固定分类法的常用方法之一，聚类分析法是自动分类的常用方法之一。判断分析法与聚类分析法都是数量经济和多元统计中重要的计量工具和方法。本书将实证分析江苏、浙江两省的有关数据，可以直接采用判别分析法来实现。聚类分析法可以用来分析超过两省乃至全国的情况，这里先做简要介绍，具体应用留待该领域的进一步研究。

判别分析法（Discriminate Analysis）是多变量统计分析和计量经济学中用来判别样本数据所属类型的一种多元统计的方法，该判别法产生于20世纪30年代，理论依据建立在概率论和数理统计的基础上。判别分析法所要解决的问题是在一些研究对象已经用某种统计的方法分成若干类的情况下，确定新的样本属于已知类别中的哪一类。具体而言，就是根据观测到的某些样本指标的数据，并对这些数据接近程度进行定义，然后对分析的结果建立适当的判别函数，再依据判别函数和指定的一种判别准则，对样本进行分类，从而判断新样本的归属。根据不同的判别准则，判别分析法可以分为费希尔（Fisher）判别法、距离判别法和贝叶斯（Bayes）判别法。如果判别准则是确定性的，确定新的样本数据所属类别时，只要依据判别函数就可以进行适当的分类，例如费希尔判别法和距离判别

① Lin Liu，Jianbo Li and Riquan Zhang，“General partially linear additive transformation model with right - censored data”. *Journal of Applied Statistics*，Vol. 41，No. 10，2014，pp. 2257 - 2269.

法；如果判别准则不是确定性的，而是统计性的，那么确定新的样本数据所属类别时则需要借助概率相关的性质，例如贝斯判别法。判别分析法是应用性很强的一种多元统计方法，目前已经渗透到自然科学、哲学社会科学以及经济管理科学的各个领域中。但是不论是哪个领域，判别分析都可以描述为如下一个问题：设有 k 个 m 维的总体 G_1，G_2，…，G_k，其分布特征已知［例如可以假设分布函数分别为 $F_1(x)$，$F_2(x)$，…，$F_k(x)$ 或者已知来自各个总体的训练样本］，对于给定的一个新的样本数据 X，通过建立适当的判别函数和选取适当的判别准则来判断它来自哪个总体。①②

距离判别法的主要思想是：根据已知分类的数据，分别计算各类的重心，然后对任意一个观测数据，如果该数据与第 i 类的重心距离最近，就认为来自第 i 类。设有两个总体，分别为 G_1 和 G_2，从第一个总体中抽取 n_1 个样品，从第二个总体中抽取 n_2 个样品，如果每个样品有 p 个观测指标，那么任意一个样品 X 具有一个多维的向量表示 $X=(x_1, x_2, \cdots, x_p)^T$，然后计算样品 X 到总体 G_1 和 G_2 的距离 $d(X, G_1)$ 和 $d(X, G_2)$，依据距离最近准则判别归类，即：

（1）当 $d(X, G_1) < d(X, G_2)$，则 $X \in G_1$；

（2）当 $d(X, G_1) > d(X, G_2)$，则 $X \in G_2$；

（3）当 $d(X, G_1) = d(X, G_2)$，待定。

具体而言，如果 $\mu_1 = (\mu_{11}, \mu_{12}, \cdots, \mu_{1p})^T$ 和 $\mu_2 = (\mu_{21}, \mu_{22}, \cdots, \mu_{2p})^T$，$\sum_1 = (\sigma_{1,ij})_{p\times p}$ 和 $\sum_2 = (\sigma_{2,ij})_{p\times p}$ 分别表示两个总体 G_1 和 G_2 的均值向量和协方差矩阵，利用样品 X 与总体 G_1 和 G_2 的马氏（Mahalanobis）距离作为判别准则：

$$d^2(X,G_1) = (X-\mu_1)^T(\textstyle\sum_1)^{-1}(X-\mu_1)$$

$$d^2(X,G_2) = (X-\mu_2)^T(\textstyle\sum_2)^{-1}(X-\mu_2)$$

在实际问题中，μ_1、μ_2、$\sum_1$、$\sum_2$ 未知，可以利用样本数据进行估

① 高惠璇：《应用多元统计分析》，北京大学出版社 2005 年版。

② 王斌会：《多元统计分析及 R 语言建模》，暨南大学出版社 2010 年版。

计,例如:矩估计等。

特例，当 $p=1$ 时，

$$d^2(X, G_1)=(x-\mu_1)^T(\sigma_1)^{-2}(X-\mu_1)=\frac{(x-\mu_1)^2}{(\sigma_1)^2}$$

$$d^2(X, G_2)=(x-\mu_2)^T(\sigma_2)^{-2}(X-\mu_2)=\frac{(x-\mu_2)^2}{(\sigma_2)^2}$$

二　高等教育与人才集聚两种投入的共轭判别模型构建

如前文所述，就区域而言，经济增长所需要的人才，一方面需要高等教育投入进行培养积累，另一方面由于人才的流动性，需要必要的投入进行集聚。高等教育投入和人才集聚投入在区域人才供给方面是一对共轭要素。如何知晓区域高等教育与人才集聚两种投入是否处于共轭状态是一个非常复杂的现实问题。找出最优的共轭状态是一种理想企图，赫伯特·西蒙（Herbert Simon）的“有限理性”告诉我们，在决策过程中“只有‘满意’的原则才是现实的、合理的、切实可行的原则”。①最优的共轭状态是很难捕捉的，人们应当选取最“满意”的状态作为可及的目标。结合“共轭是主体价值的渗透”的观点，我们可以通过寻找一个带有主体价值渗透标准的最为“满意”的共轭参照点来进行对比研究。将一个区域的总体投入抽象地划分为高等教育投入、人才集聚投入及其他投入。通过对不同区域高等教育与人才集聚两种投入之间量的对比，可以分析不同的区域内高等教育与人才集聚两种投入是否处于共轭状态。假设区域总投入和其他投入既定，那么区域高等教育与人才集聚两种投入的总量也就确定了。高等教育与人才集聚两种投入中的任何一种投入都是不能偏废的，高等教育投入不足既影响了高等教育事业的发展，也导致区域内人才培养积累的不足，进而影响经济社会的持续发展；人才集聚投入不足则会造成区域内人才的大量流失，导致区域内人才集聚的规模小和整体素质不高，影响经济社会眼前的

① 聂锐、芈凌云、高伟、毛帅：《现代管理论》，中国矿业大学出版社 2007 年版，第 197 页。

发展。只有当高等教育与人才集聚两种投入之间在一个区域内实现了共轭，该区域内人才培养与人才集聚才会达到一种共轭状态，进而共轭驱动区域经济增长。

选取区域内高等教育投入与人才集聚投入共轭状态的参照系相当复杂，很难把握。但是，在一个相对稳定的系统内部，多极主体之间不同的利益诉求会形成不断的博弈，这一博弈过程体现了多极主体的价值渗透。高等教育与人才集聚等各种投入通过多极主体之间的不断博弈会趋向一种“最佳均衡状态”——多极主体相对满意的状态。同时，由于相邻的不同区域之间存在一种自觉或不自觉的相互攀比的“趋同现象”，邻域之间各种投入的理念、政策、措施及效果等具有趋同效应。因此，本书将通过相邻区域之间高等教育投入与人才集聚投入的对比研究来考察区域内高等教育与人才集聚两种投入是否共轭。把目标区域——相邻两区域某一投入的总“重心”视为多极主体长期博弈的纳什最佳均衡点，也就是我们期待并苦苦寻求的“共轭”点，采用聚类分析和判别分析法相结合的思想，将不同区域高等教育投入的“重心”和人才集聚投入的“重心”与共轭点（总“重心”）之间的距离进行比较，从而可以找到不同区域高等教育投入和人才集聚投入分别趋于共轭点的程度。同一区域的高等教育投入和人才集聚投入与其对应的共轭点之间的距离大小，可以反映该区域高等教育与人才集聚两种投入分别趋于共轭点的程度，进而可以发现区域高等教育与人才集聚两种投入趋于共轭状态的程度。以此为依据，通过对不同区域以及同一区域高等教育投入和人才集聚投入之间数据的分析和处理，可以建立区域高等教育投入和人才集聚投入的共轭判别模型。

为了方便模型的建立和研究问题的描述，我们首先假设有两个可以相互参照的总体，也就是有两个研究的区域，分别记为区域 A 和区域 B，且每个总体中有 2 个指标，分别记为指标 x_1 和指标 y_1，以及指标 x_2 和指标 y_2，其中指标 x_1 和 x_2 分别表示区域 A 和区域 B 的高等教育投入，指标 y_1 和 y_2 分别表示区域 A 和区域 B 的人才集聚投入。假设每年有 1 个观察数据，我们研究 n 年期间的高等教育投入与人才集聚投入之间的关系，也就是说，每个指标有 n 个观测数据，分别记为 $x_1 = (x_{1,1}, x_{1,2}, \cdots, x_{1,n})^T$，$y_1 = (y_{1,1}, y_{1,2}, \cdots, y_{1,n})^T$，$x_2 = (x_{2,1}, x_{2,2}, \cdots, x_{2,n})^T$，$y_2 = (y_{2,1}, y_{2,2}, \cdots, y_{2,n})^T$，其中，$x_{i,j}$表示第 i 个区域第 j 年在高等教育投入方面的情况，$y_{i,j}$表示第 i 个区域第 j 年在人才聚集投入方面的情况，$i=1$，2，$j=1$，2，…，n，$i=1$ 代表区域 A，$i=2$ 代表区域 B，遇到具体问题时，我们可以将研究年份的第 1 年记为 1。详细的数据结构可以见表 5－1。

表 5－1　　　　判别分析

样本序号	指标观测值				分类
	x_1	y_1	x_2	y_2	G_i，K_i
1	$x_{1,1}$	$y_{1,1}$	$x_{2,1}$	$y_{2,1}$	G_i，K_i
2	$x_{1,2}$	$y_{1,2}$	$x_{2,2}$	$y_{2,2}$	G_i，K_i
3	$x_{1,3}$	$y_{1,3}$	$x_{2,3}$	$y_{2,3}$	G_i，K_i
4	$x_{1,4}$	$y_{1,4}$	$x_{2,4}$	$y_{2,4}$	G_i，K_i
⋮	⋮	⋮	⋮	⋮	⋮
n	$x_{1,n}$	$y_{1,n}$	$x_{2,n}$	$y_{2,n}$	G_i，K_i

模型中，我们以两个区域各投入要素由于多极主体之间博弈而达到的均衡点——目标区域总重心作为共轭点，下面是两个区域高等教育与人才集聚两种投入分别具有的总重心的数学表达式：

$$\mu_1 = \frac{\sum_{j=1}^{n} x_{1,j} + \sum_{j=1}^{n} x_{2,j}}{2n}, \mu_2 = \frac{\sum_{j=1}^{n} y_{1,j} + \sum_{j=1}^{n} y_{2,j}}{2n}$$

两个区域之间高等教育投入的总体方差和人才集聚投入的总体方差分别定义为：

$$\sigma_1^2 = \frac{\sum_{j=1}^{n} (x_{1,j} - \mu_1)^2 + \sum_{j=1}^{n} (x_{2,j} - \mu_1)^2}{2n}$$

$$\sigma_2^2 = \frac{\sum_{j=1}^{n} (y_{1,j} - \mu_2)^2 + \sum_{j=1}^{n} (y_{2,j} - \mu_2)^2}{2n}$$

本书中，我们将采用马氏距离（Mahalanobis，马哈拉诺比斯距离）对个体数据进行分析和归类。为了研究的需要，给出“准马氏距离”，反映个体与总体重心正负趋向的关系。定义两个区域高等教育投入样本的观测值与目标区域总体重心——共轭点之间的准马氏距离与马氏距离分别为：

$$d(x_{1,j},\ \mu_1)=\frac{(x_{1,j}-\mu_1)}{\sigma_1},\ j=1,\ 2,\ 3,\ \cdots,\ n$$

$$d(x_{2,j},\ \mu_1)=\frac{(x_{2,j}-\mu_1)}{\sigma_1},\ j=1,\ 2,\ 3,\ \cdots,\ n$$

$$d^2(x_{1,j},\ \mu_1)=\frac{(x_{1,j}-\mu_1)^2}{\sigma_1^2},\ j=1,\ 2,\ 3,\ \cdots,\ n$$

$$d^2(x_{2,j},\ \mu_1)=\frac{(x_{2,j}-\mu_1)^2}{\sigma_1^2},\ j=1,\ 2,\ 3,\ \cdots,\ n$$

以及两个区域人才集聚投入指标的观测值与目标区域总体重心——共轭点之间的准马氏距离与马氏距离分别为：

$$d(y_{1,j},\ \mu_2)=\frac{(y_{1,j}-\mu_2)}{\sigma_2},\ j=1,\ 2,\ 3,\ \cdots,\ n$$

$$d(y_{2,j},\ \mu_2)=\frac{(y_{2,j}-\mu_2)}{\sigma_2},\ j=1,\ 2,\ 3,\ \cdots,\ n$$

$$d^2(y_{1,j},\ \mu_2)=\frac{(y_{1,j}-\mu_2)^2}{\sigma_2^2},\ j=1,\ 2,\ 3,\ \cdots,\ n$$

$$d^2(y_{2,j},\ \mu_2)=\frac{(y_{2,j}-\mu_2)^2}{\sigma_2^2},\ j=1,\ 2,\ 3,\ \cdots,\ n$$

对同一个区域而言，可以定义该区域内高等教育投入和人才集聚投入分别与总体重心之间的准马氏距离和马氏距离，并以准马氏距离作为依据来反映某种投入与共轭点之间的大小关系；以马氏距离作为依据来反映某种投入趋向共轭点的状态。某种投入距离总体重心之间的准马氏距离为正，说明某种投入正向越趋于共轭状态，该投入偏多；反之说明某种投入负向越趋于共轭状态，该投入偏少。某种投入距离总体重心之间的马氏距离越小，说明某种投入越趋于共轭状态。区域 A 和区域 B 内高等教育投入和人才集聚投入分别到相应的总体重心——共轭点的准马氏距离和马氏距离为：

$$d(\mu_{11}, \mu_1) = \frac{(\mu_{11} - \mu_1)}{\sigma_1}, \quad d^2(\mu_{11}, \mu_1) = \frac{(\mu_{11} - \mu_1)^2}{\sigma_1^2}$$

$$d(\mu_{12}, \mu_2) = \frac{(\mu_{12} - \mu_2)}{\sigma_2}, \quad d^2(\mu_{12}, \mu_2) = \frac{(\mu_{12} - \mu_2)^2}{\sigma_2^2}$$

$$d(\mu_{21}, \mu_1) = \frac{(\mu_{21} - \mu_1)}{\sigma_1}, \quad d^2(\mu_{21}, \mu_1) = \frac{(\mu_{21} - \mu_1)^2}{\sigma_1^2}$$

$$d(\mu_{22}, \mu_2) = \frac{(\mu_{22} - \mu_2)}{\sigma_2}, \quad d^2(\mu_{22}, \mu_2) = \frac{(\mu_{22} - \mu_2)^2}{\sigma_2^2}$$

其中，$\mu_{11} = \frac{\sum_{j=1}^{n} x_{1,j}}{n}$和$\mu_{21} = \frac{\sum_{j=1}^{n} x_{2,j}}{n}$分别表示区域 A 和区域 B 在高等教育投入上的重心，$\mu_{12} = \frac{\sum_{j=1}^{n} y_{1,j}}{n}$和$\mu_{22} = \frac{\sum_{j=1}^{n} y_{2,j}}{n}$分别表示区域 A 和区域 B 在人才集聚投入上的重心。借助聚类判别法的多元统计思想和方法，利用给出的马氏距离，我们可以给出如下分类判别准则：

（1）如果 $d^2(x_{1,j}, \mu_1) < d^2(x_{2,j}, \mu_1)$，$j=1, 2, 3, \cdots, n$，那么 $x_{1,j}$属于第一类，$x_{2,j}$属于第二类；如果 $d^2(x_{1,j}, \mu_1) > d^2(x_{2,j}, \mu_1)$，$j=1, 2, 3, \cdots, n$，那么 $x_{1,j}$属于第二类，$x_{2,j}$属于第一类；如果 $d^2(x_{1,j}, \mu_1) = d^2(x_{2,j}, \mu_1)$，$j=1, 2, 3, \cdots, n$，待判。

（2）如果 $d(x_{i,j}, \mu_1) < 0$，$i=1, 2$；$j=1, 2, 3, \cdots, n$，表明第 i 区域第 j 年高等教育投入负向趋于共轭状态，即与共轭状态相比投入偏少；如果 $d(x_{i,j}, \mu_1) > 0$，$i=1, 2$；$j=1, 2, 3, \cdots, n$，表明第 i 区域第 j 年高等教育投入正向趋于共轭状态，即与共轭状态相比投入偏多；如果 $d(y_{i,j}, \mu_2) < 0$，$i=1, 2$；$j=1, 2, 3, \cdots, n$，表明第 i 区域第 j 年人才集聚投入负向趋于共轭状态，即与共轭状态相比投入偏少；如果 $d(y_{i,j}, \mu_2) > 0$，$i=1, 2$；$j=1, 2, 3, \cdots, n$，表明第 i 区域第 j 年人才集聚投入正向趋于共轭状态，即与共轭状态相比投入偏多。

（3）如果 $d^2(\mu_{11}, \mu_1) < d^2(\mu_{21}, \mu_1)$且 $d^2(\mu_{12}, \mu_2) < d^2(\mu_{22},$

μ_2)，那么说明区域 A 在高等教育和人才集聚方面的投入分别与总体重心——共轭点更接近，因此区域 A 高等教育与人才集聚两种投入更加趋于共轭状态；如果 $d^2(\mu_{11}, \mu_1) > d^2(\mu_{21}, \mu_1)$ 且 $d^2(\mu_{12}, \mu_2) > d^2(\mu_{22}, \mu_2)$，那么说明区域 B 在高等教育和人才集聚方面的投入分别与总体重心——共轭点更接近，因此区域 B 高等教育与人才集聚两种投入更加趋于共轭状态；如果 $d(\mu_{i,1}, \mu_1) < 0$，其中 $i = 1, 2$，那么第 i 个区域在高等教育方面的投入与总体重心——共轭点相比而言偏少；反之，投入偏多；如果 $d(\mu_{i,2}, \mu_2) < 0$，其中 $i = 1, 2$，那么第 i 个区域在人才集聚方面的投入与总体重心——共轭点相比而言偏少；反之，投入偏多。

表 5－2　　区域 A 高等教育投入判别分类

样本序号	指标观测值	分类
	x_1	G_i
1	$x_{1,1}$	G_i
2	$x_{1,2}$	G_i
3	$x_{1,3}$	G_i
4	$x_{1,4}$	G_i
5	$x_{1,5}$	G_i
⋮	⋮	⋮
n	$x_{1,n}$	G_i

表 5－3　　区域 B 高等教育投入判别分类

样本序号	指标观测值	分类
	x_2	G_i
1	$x_{2,1}$	G_i
2	$x_{2,2}$	G_i
3	$x_{2,3}$	G_i
4	$x_{2,4}$	G_i
5	$x_{2,5}$	G_i
⋮	⋮	⋮
n	$x_{2,n}$	G_i

表 5-4　　区域 A 人才集聚投入判别分类

样本序号	指标观测值	分类
	y_1	K_i
1	$y_{1,1}$	K_i
2	$y_{1,2}$	K_i
3	$y_{1,3}$	K_i
4	$y_{1,4}$	K_i
5	$y_{1,5}$	K_i
⋮	⋮	⋮
n	$y_{1,n}$	K_i

表 5-5　　区域 B 人才集聚投入判别分类

样本序号	指标观测值	分类
	y_2	K_i
1	$y_{2,1}$	K_i
2	$y_{2,2}$	K_i
3	$y_{2,3}$	K_i
4	$y_{2,4}$	K_i
5	$y_{2,5}$	K_i
⋮	⋮	⋮
n	$y_{2,n}$	K_i

表 5-6　　区域 A 高等教育投入判别准则

样本序号	指标观测值	判别准则
	x_1	（准）马氏距离
1	$x_{1,1}$	$d(x_{1,1}, \mu_1)$，$d^2(x_{1,1}, \mu_1)$
2	$x_{1,2}$	$d(x_{1,2}, \mu_1)$，$d^2(x_{1,2}, \mu_1)$
3	$x_{1,3}$	$d(x_{1,3}, \mu_1)$，$d^2(x_{1,3}, \mu_1)$
4	$x_{1,4}$	$d(x_{1,4}, \mu_1)$，$d^2(x_{1,4}, \mu_1)$
5	$x_{1,5}$	$d(x_{1,5}, \mu_1)$，$d^2(x_{1,5}, \mu_1)$
⋮	⋮	⋮
n	$x_{1,n}$	$d(x_{1,n}, \mu_1)$，$d^2(x_{1,n}, \mu_1)$

表 5 – 7　　　　区域 B 高等教育投入判别准则

样本序号	指标观测值	判别准则
	x_2	（准）马氏距离
1	$x_{2,1}$	$d\ (x_{2,1},\ \mu_1),\ d^2\ (x_{2,1},\ \mu_1)$
2	$x_{2,2}$	$d\ (x_{2,2},\ \mu_1),\ d^2\ (x_{2,2},\ \mu_1)$
3	$x_{2,3}$	$d\ (x_{2,3},\ \mu_1),\ d^2\ (x_{2,3},\ \mu_1)$
4	$x_{2,4}$	$d\ (x_{2,4},\ \mu_1),\ d^2\ (x_{2,4},\ \mu_1)$
5	$x_{2,5}$	$d\ (x_{2,5},\ \mu_1),\ d^2\ (x_{2,5},\ \mu_1)$
⋮	⋮	⋮
n	$x_{2,n}$	$d\ (x_{2,n},\ \mu_1),\ d^2\ (x_{2,n},\ \mu_1)$

表 5 – 8　　　　区域 A 人才集聚投入判别准则

样本序号	指标观测值	判别准则
	y_1	（准）马氏距离
1	$y_{1,1}$	$d\ (y_{1,1},\ \mu_2),\ d^2\ (y_{1,1},\ \mu_2)$
2	$y_{1,2}$	$d\ (y_{1,2},\ \mu_2),\ d^2\ (y_{1,2},\ \mu_2)$
3	$y_{1,3}$	$d\ (y_{1,3},\ \mu_2),\ d^2\ (y_{1,3},\ \mu_2)$
4	$y_{1,4}$	$d\ (y_{1,4},\ \mu_2),\ d^2\ (y_{1,4},\ \mu_2)$
5	$y_{1,5}$	$d\ (y_{1,5},\ \mu_2),\ d^2\ (y_{1,5},\ \mu_2)$
⋮	⋮	⋮
n	$y_{1,n}$	$d\ (y_{1,n},\ \mu_2),\ d^2\ (y_{1,n},\ \mu_2)$

表 5 – 9　　　　区域 B 人才集聚投入判别准则

样本序号	指标观测值	判别准则
	y_2	（准）马氏距离
1	$y_{2,1}$	$d\ (y_{2,1},\ \mu_2),\ d^2\ (y_{2,1},\ \mu_2)$
2	$y_{2,2}$	$d\ (y_{2,2},\ \mu_2),\ d^2\ (y_{2,2},\ \mu_2)$
3	$y_{2,3}$	$d\ (y_{2,3},\ \mu_2),\ d^2\ (y_{2,3},\ \mu_2)$
4	$y_{2,4}$	$d\ (y_{2,4},\ \mu_2),\ d^2\ (y_{2,4},\ \mu_2)$
5	$y_{2,5}$	$d\ (y_{2,5},\ \mu_2),\ d^2\ (y_{2,5},\ \mu_2)$
⋮	⋮	⋮
n	$y_{2,n}$	$d\ (y_{2,n},\ \mu_2),\ d^2\ (y_{2,n},\ \mu_2)$

根据上述分析，我们构建区域高等教育与人才集聚两种投入的共轭判别模型，见表5-10。

表5-10 区域高等教育与人才集聚两种投入的共轭判别模型

	高等教育投入	人才集聚投入	高等教育投入与共轭点准马氏距离和马氏距离	人才集聚投入与共轭点准马氏距离和马氏距离
A区域	μ_{11}	μ_{12}	$d(\mu_{11}, \mu_1)$，$d^2(\mu_{11}, \mu_1)$	$d(\mu_{12}, \mu_2)$，$d^2(\mu_{12}, \mu_2)$
B区域	μ_{21}	μ_{22}	$d(\mu_{21}, \mu_1)$，$d^2(\mu_{21}, \mu_1)$	$d(\mu_{22}, \mu_2)$，$d^2(\mu_{22}, \mu_2)$
总体重心与方差	μ_1，σ_1	μ_2，σ_2		

注：通过模型中准马氏距离可以观察到不同区域高等教育与人才集聚两种投入是正向趋于共轭状态还是负向趋于共轭状态，如果是正向的则表示投入偏多，如果是负向的则表示投入偏少，从而可以得到不同区域高等教育投入与人才集聚投入的相对努力程度。同时还可以根据马氏距离比较出不同区域高等教育与人才集聚两种投入，哪个区域更加趋向共轭状态。

根据区域高等教育与人才集聚两种投入共轭状态判别模型，我们可以利用聚类判别法中马氏距离分类准则得到如下主要结果。对于不同区域A和区域B之间，如果区域A在高等教育投入数据上，依据上面定义的距离落在G_1中数目多于区域B相对应的观察数据落在G_1中数目，则称区域A高等教育投入较区域B更趋向共轭状态，即区域A高等教育投入的重心距离共轭点更近；否则称区域B高等教育投入较区域A更趋向共轭状态，即区域B高等教育投入的重心距离共轭点更近。同理，如果区域A在人才集聚投入数据上，按照我们前面定义的马氏距离分类准则落在K_1中数据个数多于区域B在相应的观察数据落在K_1中个数，则称区域A人才集聚投入较区域B更趋向共轭状态，即区域A人才集聚投入的重心距离共轭点更近；否则称区域B人才集聚投入较区域A更趋向共轭状态，即区域B人才集聚投入的重心距离共轭点更近。在区域总投入与其他投入既定的条件下，区域内高等教育投入与人才集聚投入存在着博弈，为了更好地促进各个区域经济社会稳定、快速地发展，应当尽可能让区域内高等教育与人才集聚两种投入均趋向共轭状态。区域内高等教育与人才集聚两种投入越是趋于共轭状态，高等教育与人才集聚两种投入就越能共轭驱动经济增长。

我们还可以根据每年某种投入要素与共轭点的准马氏距离看出某一投入是正向，还是负向趋于共轭状态。以及通过区域之间进行对比，可以看出某一投入在不同区域间反映出来的努力程度。

第三节　高等教育与人才集聚两种投入对区域经济增长共轭驱动的检验模型

至于高等教育与人才集聚两种投入共轭驱动经济增长的程度，可以借助高等教育与人才集聚两种投入与经济增长之间关系回归方程来构建区域高等教育与人才集聚两种投入对经济增长的共轭驱动模型来验证。根据共轭的性质，当高等教育与人才集聚两种投入趋向共轭状态时，“内耗减少，系统更趋稳定”，则可以实现对区域经济增长的共轭驱动，即区域经济可以既快又好地增长。区域高等教育与人才集聚两种投入对经济增长的共轭驱动检验模型为：

$$\ln g_i = a_i \ln x_i + b_i \ln y_i + c_i,\quad i=1,\ 2$$

其中，$g_i(i=1,\ 2)$分别表示两个区域的经济增长状况，$x_i(i=1,\ 2)$分别表示两区域的高等教育投入情况，$y_i(i=1,\ 2)$分别表示人才集聚投入，a_i、b_i 和 c_i 称为偏回归系数。上述回归模型可以具体表示为：

$$\begin{cases}\ln g_{i,1} = a_i \ln x_{i,1} + b_i \ln y_{i,1} + c_i + \varepsilon_{i,1} \\ \ln g_{i,2} = a_i \ln x_{i,2} + b_i \ln y_{i,2} + c_i + \varepsilon_{i,2} \\ \qquad\vdots \\ \ln g_{i,n} = a_i \ln x_{i,n} + b_i \ln y_{i,n} + c_i + \varepsilon_{i,n}\end{cases},\quad i=1,\ 2$$

上式也可以用矩阵的形式来表示：

$$\begin{pmatrix} \ln g_{i,1} \\ \ln g_{i,2} \\ \vdots \\ \ln g_{i,n} \end{pmatrix} = \begin{pmatrix} \ln x_{i,1} & \ln y_{i,1} & 1 \\ \ln x_{i,2} & \ln y_{i,2} & 1 \\ \cdots & \cdots & \cdots \\ \ln x_{i,n} & \ln y_{i,n} & 1 \end{pmatrix} \begin{pmatrix} a_i \\ b_i \\ c_i \end{pmatrix} + \begin{pmatrix} \varepsilon_{i,1} \\ \varepsilon_{i,2} \\ \vdots \\ \varepsilon_{i,n} \end{pmatrix}$$

通过高等教育与人才集聚两种投入与经济增长的回归分析，得出不同区域高等教育与人才集聚两种投入对经济增长的共轭驱动情况。假设区域 A（区域 B）高等教育与人才集聚两种投入共轭驱动经济增长，则可以通过回归分析方法得出区域 A（区域 B）的高等教育与人才集聚两种投入共轭驱动经济增长的方程。将区域 B（区域 A）历年高等教育与人才集聚两种投入代入回归得到的共轭方程，得到一组新的经济增长数据，如果计算得到的数据大于实际数据，则结论成立，即区域 A（区域 B）高等教育与人才集聚两种投入可以更好地共轭驱动经济增长。

第六章　高等教育与人才集聚两种投入对区域经济增长共轭驱动的实证分析

长三角地区是我国综合实力最强的区域之一，在我国现代化建设全局中具有重要的战略地位和突出的示范带动作用，选取这一区域为实证研究对象，具有重要的典型意义和示范意义。同时，长三角地区的一体化程度相对较好，这一点有利于模型使用过程中的数据处理与分析。本书将以江苏、浙江两省为例，研究高等教育与人才集聚两种投入对区域经济增长的共轭驱动。

本章内容安排如下：首先，进行相关变量的选择与数据处理；其次，对数据处理结果进行分析；最后，对高等教育与人才集聚两种投入对区域经济增长的共轭驱动进行检验。

第一节　变量选择和数据处理

一　经济增长指标

（一）经济增长指标的选择和说明

考察经济增长最常用的指标是国内生产总值（GDP）及其增长率。GDP代表某一国家或某一地区所有常驻单位和个人在一定时期内的全部生产活动（包括产品和服务）的最终成果，是社会总产品价值扣除了中间投入价值后的差额，是当期新创造财富的价值总额。国内生产总值具有国际可比性，被世界各国广泛使用并进行国际比较。诺贝尔经济学奖获得者萨缪尔森在《经济学》一书中把

GDP 称为"二十世纪最伟大的发明之一"。笔者也将借助 2000—2012 年 13 年间江苏省和浙江省的国内生产总值（GDP）作为衡量和描述经济变化和发展的指标。具体的数据可以参考表 6－1。

表 6－1　　2000—2012 年江苏、浙江两省地区国内生产总值 单位：亿元

年份	江苏国内生产总值	浙江国内生产总值
2000	3256.856	1891.926
2001	3589.055	2093.342
2002	4008.975	2357.979
2003	4554.195	2704.519
2004	5228.216	3096.093
2005	5986.308	3491.255
2006	6878.268	3975.742
2007	7903.129	4558.835
2008	8906.827	5017.093
2009	10011.273	5465.826
2010	11282.705	6118.201
2011	12523.803	6671.848
2012	13788.707	7204.463

注：江浙两省地区生产总值（以 1978 年为不变价格计算可比价格）根据江浙两省统计年鉴（2013）有关数据计算得出。

（二）经济增长指标数据的处理和分析

从表 6－1 中的数据我们明显可以发现，2000—2012 年之间江苏省每年的国内生产总值都高于浙江省对应的国内生产总值。由于每年国内生产总值的数值和研究的其他变量（如高等教育投入和人才集聚投入）数值之间相差比较大，在经济计量与金融建模中，为了防止因数值偏颇较大而影响到建模的实际效果，经常会对国内生产总值 GDP 进行适当的修正和处理。而计量经济中经常采用的一种有效方法就是对国内生产总值 GDP 在建模之前先取自然对数。为此，本书中我们也对数据作出类似的处理。同时，为了方便后面模

型的描述和刻画，将江苏省的 GDP 值借助变量 g_1 表示，从 2000—2012 年的观测样本分别记为 $g_{1,1}$，$g_{1,2}$，…，$g_{1,13}$；浙江省的 GDP 值借助变量 g_2 描述，2000—2012 年之间的观测样本分别记为 $g_{2,1}$，$g_{2,2}$，…，$g_{2,13}$。对观测数据取完自然对数后的数据分别用对应的变量 $\ln g_{1,1}$，$\ln g_{1,2}$，…，$\ln g_{1,13}$ 和变量 $\ln g_{2,1}$，$\ln g_{2,2}$，…，$\ln g_{2,13}$ 表示，处理后的数据指标可以参见表 6－2。

表 6－2　2000—2012 年江浙两省地区国内生产总值进行自然对数处理

年份	江苏	浙江
	国内生产总值自然对数	国内生产总值自然对数
2000	8.0885	7.5454
2001	8.1856	7.6465
2002	8.2963	7.7656
2003	8.4238	7.9027
2004	8.5618	8.0379
2005	8.6972	8.1580
2006	8.8361	8.2880
2007	8.9750	8.4248
2008	9.0946	8.5206
2009	9.2115	8.6063
2010	9.3310	8.7190
2011	9.4354	8.8057
2012	9.5316	8.8825

二　高等教育投入指标

（一）高等教育投入指标的选择和说明

高等教育投入主要包括国家财政性高等教育经费、社会团体和公民个人办学经费、社会捐（集）资办学经费、学费和杂费、其他预算外经费等。考虑到指标选择的科学性、可比较性、数据可得性等原则，直接考虑高等教育投入经费不能科学反映高等教育在培养人才这一方面功能的发挥情况。而高校专任教师数、在校学生数可以作为区域高等教育投入规模的衡量指标，师生比可以作为高等教育内涵建设的衡量指标。区域高等教育投入的努力程度可以由高等教育投入占总投入比重来反映，为了比较江苏、浙江两省高等教育投入的努力程度，用每万人在校大学生数作为衡量指标。具体的数据可以参见表6－3。

表6－3　　2000—2012年江苏、浙江两省高等教育情况比较

年份	专任教师（万人）		在校学生数（万人）		师生比		每万人在校学生数（人）	
	江苏	浙江	江苏	浙江	江苏	浙江	江苏	浙江
2000	3.31	1.90	45.18	21.98	13.65	11.57	61.66	48.83
2001	3.80	2.22	62.41	30.63	16.42	13.80	84.81	67.77
2002	4.43	2.60	74.13	40.94	16.73	15.75	100.10	90.26
2003	4.98	2.99	91.33	50.39	18.34	16.85	122.46	110.71
2004	5.90	3.58	106.27	59.48	18.01	16.61	141.26	129.95
2005	6.73	3.84	123.77	67.69	18.39	17.63	163.11	147.08
2006	7.84	4.21	139.53	74.70	17.80	17.74	182.26	161.36
2007	8.86	4.56	156.88	80.94	17.71	17.75	203.13	173.72
2008	9.63	4.78	167.74	86.80	17.42	18.16	216.09	185.16
2009	9.99	4.95	176.73	90.99	17.69	18.38	226.28	192.93
2010	10.20	5.10	177.49	93.29	17.40	18.29	225.55	196.48
2011	10.39	5.23	179.38	95.93	17.26	18.34	227.10	200.64
2012	10.60	5.42	181.07	98.67	17.08	18.20	228.62	205.59

资料来源：江苏省统计局、国家统计局江苏调查总队：《江苏统计年鉴》，中国统计出版社2001—2013年版；浙江省统计局：《浙江统计年鉴》，中国统计出版社2001—2013年版。

由表6－3可以看出，无论是专任教师数还是在校学生数，反映高等教育投入绝对量的各项指标江苏省均远高于浙江省。从这一意义上来看，江苏省是名副其实的高等教育“大”省。当然，相对于高校数、教师数、在校学生数的绝对数量而言，更能准确反映区域高等教育投入努力程度的是每万人在校大学生数这一指标。由表6－3很容易看出，2000—2012年，每万人在校大学生数，江苏省都较浙江省要高。通过计算进一步得出，2000—2012年，江苏省每万人在校大学生数年均高出浙江省15%。

（二）高等教育投入指标数据的处理和分析

在具体的实证中我们对江苏省和浙江省2000—2012年每年在高等教育方面投入的情况采用“每一万人中在校人数的数量”这一个指标来刻画和描述，由于每年都会有一个统计数据，这样我们就可以得到2000—2012年江苏省和浙江省13年间在高等教育方面投入的观测数据。同样，为了研究问题和模型说明的方便，这里可以用数字1代表江苏省，用数字2代表浙江省，并将江苏省在高等教育上的投入看作一个样本 x_1，将浙江省在高等教育上的投入看作另一个样本 x_2，那么13年间每个样本都有13个观测数据，我们将其分别用一个向量来表示，分别记为 $x_1=(x_{1,1},x_{1,2},\cdots,x_{1,13})^T$，$x_2=(x_{2,1},x_{2,2},\cdots,x_{2,13})^T$，其中，$x_{i,j}$表示第 i 个区域第 j 年在高等教育方面的投入情况，$i=1,2$，$j=1,2,\cdots,13$，$i=1$ 代表江苏省，$i=2$ 代表浙江省。数据可以参考表6－4。

表6－4　2000—2012年江苏、浙江两省高等教育投入结构

样本观测时间（年）	指标观测值		分类
	x_1	x_2	G_i $(i=1,2)$
2000	61.66	48.83	G_i
2001	84.81	67.77	G_i
2002	100.10	90.26	G_i
2003	122.46	110.71	G_i
2004	141.26	129.95	G_i
2005	163.11	147.08	G_i
2006	182.26	161.36	G_i

续表

样本观测时间（年）	指标观测值		分类
	x_1	x_2	G_i（$i=1，2$）
2007	203.13	173.72	G_i
2008	216.09	185.16	G_i
2009	226.28	192.93	G_i
2010	225.55	196.48	G_i
2011	227.10	200.64	G_i
2012	228.62	205.59	G_i

如前文所述，考虑到高等教育的投入对经济增长的作用具有一定的时滞效应，因此我们需要利用滞后模型来刻画。已有研究成果认为高等教育投入人力资本化的时滞性一般为3—6年。①② 考虑到高等教育投入不仅通过人才培养驱动经济增长（最少滞后4年），还会通过提高技术进步率以及直接拉动等渠道驱动经济增长（减少滞后期）。本书假设高等教育投入对经济增长影响滞后3年。所以我们采用滞后3年的高等教育投入数据与江苏和浙江两省2003—2012年对应的经济增长数据来进行10年数据的分析，用到的数据结构表应该调整为表6－5。

表6－5　2003—2012年江苏、浙江两省考虑时滞后的高等教育投入结构

样本观测时间（年）	指标观测值		分类
	x_1	x_2	G_i（$i=1，2$）
2003	61.66	48.83	G_i
2004	84.81	67.77	G_i

① 赵树宽、余海晴、刘战礼：《高等教育投入与经济增长关系的理论模型及实证研究》，《中国高教研究》2011年第9期。

② ［日］南亮进、牧野文夫、罗欢镇：《中国的教育与经济发展》，关权译，社会科学文献出版社2012年版，第42—45页。

续表

样本观测时间（年）	指标观测值		分类
	x_1	x_2	G_i（$i=1$，2）
2005	100.10	90.26	G_i
2006	122.46	110.71	G_i
2007	141.26	129.95	G_i
2008	163.11	147.08	G_i
2009	182.26	161.36	G_i
2010	203.13	173.72	G_i
2011	216.09	185.16	G_i
2012	226.28	192.93	G_i

首先对表6－5中两组数据计算总体的高等教育投入均衡点，也就是在统计意义上的总体“重心”以及总体的标准差，并视为多极主体均“满意”的共轭点。通过计算，可以发现总体“重心”和总体标准差分别为：

$$\mu_1 = \frac{\sum_{j=4}^{13} x_{1,j-3} + \sum_{j=4}^{13} x_{2,j-3}}{20} = 140.4465$$

$$\sigma_1 = \sqrt{\frac{\sum_{j=4}^{13}(x_{1,j-3} - \mu_1)^2 + \sum_{j=4}^{13}(x_{2,j-3} - \mu_1)^2}{20}} = 53.3441$$

根据公式：

$$d(x_{1,j-3}, \mu_1) = \frac{x_{1,j-3} - \mu_1}{\sigma_1}, \ j=4, 5, 6, \cdots, 13$$

$$d^2(x_{1,j-3}, \mu_1) = \frac{(x_{1,j-3} - \mu_1)^2}{\sigma_1^2}, \ j=4, 5, 6, \cdots, 13$$

$$d(x_{2,j-3}, \mu_1) = \frac{x_{2,j-3} - \mu_1}{\sigma_1}, \ j=4, 5, 6, \cdots, 13$$

$$d^2(x_{2,j-3}, \mu_1) = \frac{(x_{2,j-3} - \mu_1)^2}{\sigma_1^2}, \ j=4, 5, 6, \cdots, 13$$

可以得到江苏、浙江两省2003—2012年间每年观测数据与均衡点之间的（准）马氏距离，具体数值见表6－6。

表6－6　2003—2012年江苏、浙江两省高等教育投入与共轭点之间的马氏距离

样本观测	准马氏距离		马氏距离		分类
时间（年）	$d(x_{1,j-3}, \mu_1)$	$d(x_{2,j-3}, \mu_1)$	$d^2(x_{1,j-3}, \mu_1)$	$d^2(x_{2,j-3}, \mu_1)$	$G_i(i=1, 2)$
2003	-1.4769	-1.7175	2.1812	2.9498	G_1, G_2
2004	-1.0430	-1.3624	1.0878	1.8561	G_1, G_2
2005	-0.7563	-0.9408	0.5720	0.8851	G_1, G_2
2006	-0.3372	-0.5574	0.1137	0.3107	G_1, G_2
2007	0.0153	-0.1968	0.0002	0.0387	G_1, G_2
2008	0.4249	0.1244	0.1805	0.0155	G_2, G_1
2009	0.7838	0.3920	0.6143	0.1537	G_2, G_1
2010	1.1751	0.6238	1.3809	0.3891	G_2, G_1
2011	1.4180	0.8382	2.0107	0.7026	G_2, G_1
2012	1.6091	0.9839	2.5892	0.9681	G_2, G_1

注：落入G_1类表示该投入更加趋向共轭状态，落入G_2类表示趋向共轭状态程度相对不够，此表可以反映每一年的共轭情况，还可以用江苏省和浙江省高等教育投入各自的“重心”与“总体重心”的距离来表示区域10年的总体情况。

三　人才集聚投入指标

（一）人才集聚投入指标选择和说明

影响人才集聚的因素异常复杂，包括福利待遇、产业结构、环境因素、发展空间等，与这些影响因素相关的投入更加复杂，直接获得人才集聚投入的数据是很困难的。现假设人才集聚投入与人才集聚效果具有正相关性，且集聚的人才都能为经济增长服务，则可以使用从业人员人均受高等教育年限这一相对量作为衡量人才集聚投入水平的指标。相关数据参见表6－7。

表 6－7　　2000—2012 年江苏、浙江两省从业人员人均受高等教育年限

年份	江苏省从业人员人均受高等教育年限（年）	浙江省从业人员人均受高等教育年限（年）
2000	0. 2100	0. 1400
2001	0. 2200	0. 1500
2002	0. 1800	0. 3200
2003	0. 2500	0. 3300
2004	0. 2300	0. 4200
2005	0. 3000	0. 2600
2006	0. 3300	0. 3500
2007	0. 2700	0. 3200
2008	0. 2600	0. 3600
2009	0. 2900	0. 4200
2010	0. 4800	0. 4600
2011	0. 5500	0. 6400
2012	0. 4400	0. 5000

注：从业人员人均受高等教育年限分别根据在业人口文化程度分布百分比（国家统计局人口和社会科技统计司、劳动和社会保障部规划财务司编：《中国劳动统计年鉴》，中国统计出版社 1999—2012 年版），并设研究生教育年限是 19 年、本科 16 年、大专 15 年、高中 12 年、初中 9 年、小学 6 年，加权平均后得出江苏省和浙江省从业人员人均受教育年限。由于 2012 年人均受教育年限的数据缺失，所以缺失的数据利用滚动处理的方式补充。

（二）人才集聚投入的数据处理和分析

江苏省和浙江省 2000—2012 年每年在人才集聚方面的投入情况借助人均受高等教育的年限来刻画和描述，那么每年都会有一个统计数据，这样就可以得到 2000—2012 年间江苏省和浙江省 13 年的人才集聚情况的观测数据，为了研究问题和模型说明的方便，这里依然用数字 1 代表江苏省，用数字 2 代表浙江省，并将江苏省人才集聚的情况看作一个样本 y_1，将浙江省在人才集聚的情况看作另一个样本 y_2，那么 13 年每个样本都有 13 个观测数据，将其分别用一

个向量记为 $y_1 = (y_{1,1}, y_{1,2}, \cdots, y_{1,13})^T$，$y_2 = (y_{2,1}, y_{2,2}, \cdots, y_{2,13})^T$，其中，$y_{i,j}$表示第 i 个区域第 j 年在人才聚集方面的投入情况，$i=1, 2$，$j=1, 2, \cdots, 13$，$i=1$ 代表江苏省，$i=2$ 代表浙江省。数据详细情况可以见表 6－8。

表 6－8　2000—2012 年江苏、浙江两省人才集聚投入结构

样本观测时间（年）	指标观测值		分类
	y_1	y_2	K_i（$i=1, 2$）
2000	0.2100	0.1400	K_i
2001	0.2200	0.1500	K_i
2002	0.1800	0.3200	K_i
2003	0.2500	0.3300	K_i
2004	0.2300	0.4200	K_i
2005	0.3000	0.2600	K_i
2006	0.3300	0.3500	K_i
2007	0.2700	0.3200	K_i
2008	0.2600	0.3600	K_i
2009	0.2900	0.4200	K_i
2010	0.4800	0.4600	K_i
2011	0.5500	0.6400	K_i
2012	0.4400	0.5000	K_i

在实证分析中，我们主要考察的是 2003—2012 年 10 年间江浙两省高等教育投入与人才集聚投入以及经济增长与高等教育投入和人才集聚投入之间的关系。在高等教育投入上，由于高等教育的影响带有时滞的效应，所以，在数据处理上我们采用了 2000—2009 年的高等教育投入情况，但是，人才集聚的效应当期就可以体现出来，人才的集聚在当期就会给经济的增长带来促进或者抑制的作用，所以这里我们选择 2003—2012 年人才集聚的数据分析和处理问题，数据结构见表 6－9。

表 6-9　　2003—2012 年江苏、浙江两省人才集聚投入结构

样本观测时间（年）	指标观测值		分类
	y_1	y_2	K_i（$i=1$，2）
2003	0.2500	0.3300	K_i
2004	0.2300	0.4200	K_i
2005	0.3000	0.2600	K_i
2006	0.3300	0.3500	K_i
2007	0.2700	0.3200	K_i
2008	0.2600	0.3600	K_i
2009	0.2900	0.4200	K_i
2010	0.4800	0.4600	K_i
2011	0.5500	0.6400	K_i
2012	0.4400	0.5000	K_i

为了分析和研究江苏、浙江两省在人才集聚方面的投入情况，首先计算两省 10 年间在人才集聚方面投入的总体均衡点，也就是理论统计上的总体“重心”和总体的标准差并视为共轭点，我们计算的结果分别为：

$$\mu_2 = \frac{\sum_{j=4}^{13} y_{1,j} + \sum_{j=4}^{13} y_{2,j}}{20} = 0.3730$$

$$\sigma_2 = \sqrt{\frac{\sum_{j=4}^{13} (y_{1,j} - \mu_2)^2 + \sum_{j=4}^{13} (y_{2,j} - \mu_2)^2}{20}} = 0.1119$$

根据公式：

$$d(y_{1,j},\ \mu_1) = \frac{y_{1,j} - \mu_2}{\sigma_2},\ j = 4,\ 5,\ 6,\ \cdots,\ 13$$

$$d^2(y_{1,j},\ \mu_1) = \frac{(y_{1,j} - \mu_2)^2}{\sigma_2^2},\ j = 4,\ 5,\ 6,\ \cdots,\ 13$$

$$d(y_{2,j},\ \mu_1) = \frac{y_{2,j} - \mu_2}{\sigma_2},\ j = 4,\ 5,\ 6,\ \cdots,\ 13$$

$$d^2(y_{2,j},\ \mu_1)=\frac{(y_{2,j}-\mu_2)^2}{\sigma_2^2},\ j=4,\ 5,\ 6,\ \cdots,\ 13$$

可以得到2003—2012年每年江苏、浙江两省人才集聚方面的投入与均衡点之间的（准）马氏距离，详细的数据可以参见表6－10。

表6－10　2003—2012年江苏、浙江两省人才集聚投入与共轭点的马氏距离

样本观测时间（年）	准马氏距离 $d(y_{1,j},\ \mu_1)$	准马氏距离 $d(y_{2,j},\ \mu_1)$	马氏距离 $d^2(y_{1,j},\ \mu_1)$	马氏距离 $d^2(y_{2,j},\ \mu_1)$	分类 $K_i(i=1,\ 2)$
2003	－1.0992	－0.3843	1.2082	0.1477	K_2，K_1
2004	－1.2779	0.4200	1.6330	0.1764	K_2，K_1
2005	－0.6524	－1.0098	0.4256	1.0197	K_1，K_2
2006	－0.3843	－0.2055	0.1477	0.0422	K_2，K_1
2007	－0.9205	－0.4736	0.8473	0.2243	K_2，K_1
2008	－1.0098	－0.1162	1.0197	0.0135	K_2，K_1
2009	－0.7417	0.4200	0.5501	0.1764	K_2，K_1
2010	0.9562	0.7775	0.9143	0.6045	K_2，K_1
2011	1.5818	2.3861	2.5021	5.6935	K_1，K_2
2012	0.5987	1.1349	0.3584	1.2880	K_1，K_2

注：落入K_1类表示该投入更加趋向共轭状态，落入K_2类表示趋向共轭状态程度相对不够，此表可以反映每一年的共轭情况，还可以用江苏省和浙江省人才集聚投入各自的“重心”与“总体重心”的距离来表示区域10年的总体情况。

第二节　数据处理结果分析

借助准马氏距离和马氏距离，通过表6－6的数据不难发现，2003—2007年江苏省的高等教育投入更靠近“总体重心”，即更加趋于共轭点；而2008—2012年浙江省的高等教育投入更靠近“总体重心”，即更加趋于共轭点。换言之，2003—2012年的10年间，前5

年江苏省的高等教育投入更加接近共轭点，后 5 年浙江省的高等教育投入更加接近共轭点。从江苏、浙江两省高等教育投入绝对量的比较方面来看，2003—2012 年高等教育投入无论是正向趋于共轭点还是负向趋于共轭点，江苏省均高于浙江省，也就是说，江苏省较浙江省而言，江苏省高等教育投入的努力程度要高于浙江省。

借助准马氏距离和马氏距离，通过表 6－9 的数据同样可以很容易地发现，相对于人才集聚投入的共轭点而言，2005 年、2011 年、2012 年共三年，江苏省人才集聚投入更靠近“总体重心”，其余 7 年浙江省人才集聚投入更靠近“总体重心”。换言之，2005 年、2011 年、2012 年这三年江苏省人才集聚投入更趋于共轭点，其余 7 年浙江省更趋向共轭点。另外，除了 2005 年和 2010 年两年的人才集聚投入绝对量超过浙江省，其余 8 年都是浙江省人才集聚投入高于江苏省，说明 2003—2012 年江苏省在人才集聚方面的投入相对浙江省是偏少的。

表 6－10 是对历年江苏、浙江两省高等教育与人才集聚两种投入分别与共轭点的比较分析，分析结果可以反映出 2003—2012 年每年不同地区高等教育与人才集聚两种投入趋向共轭点的情况。对于江苏、浙江两省高等教育与人才集聚两种投入整体趋向共轭点的情况分析，则需要借助不同区域高等教育与人才集聚两种投入各自的重心与目标区域(江苏、浙江两省)总体重心之间的“距离”来反映。根据公式：

$$\mu_{11}=\frac{\sum_{j=4}^{13}x_{1,j-3}}{10},\mu_{12}=\frac{\sum_{j=4}^{13}x_{2,j-3}}{10}$$

$$\mu_{21}=\frac{\sum_{j=4}^{13}y_{1,j}}{10},\mu_{22}=\frac{\sum_{j=4}^{13}y_{2,j}}{10}$$

以及

$$d(\mu_{11},\mu_1)=\frac{\mu_{11}-\mu_1}{\sigma_1},\ d^2(\mu_{11},\mu_1)=\frac{(\mu_{11}-\mu_1)^2}{\sigma_1^2}$$

$$d(\mu_{12},\ \mu_1)=\frac{\mu_{12}-\mu_1}{\sigma_1},\ d^2(\mu_{12},\ \mu_1)=\frac{(\mu_{12}-\mu_1)^2}{\sigma_1^2}$$

$$d(\mu_{21},\ \mu_2)=\frac{\mu_{21}-\mu_2}{\sigma_2},\ d^2(\mu_{21},\ \mu_1)=\frac{(\mu_{21}-\mu_2)^2}{\sigma_2^2}$$

$$d(\mu_{22},\ \mu_2)=\frac{\mu_{22}-\mu_2}{\sigma_2},\ d^2(\mu_{22},\ \mu_2)=\frac{(\mu_{22}-\mu_2)^2}{\sigma_2^2}$$

运算结果见表 6 - 11。

表 6 - 11　2003—2012 年江苏、浙江两省高等教育与人才集聚两种投入共轭状态判别结构

	高等教育投入	人才集聚投入	高等教育投入与共轭点准马氏距离和马氏距离	人才集聚投入与共轭点准马氏距离和马氏距离
江苏省	150. 1160	0. 3400	0. 1812，0. 0328	-0. 2727，0. 0744
浙江省	130. 7770	0. 4060	-0. 1814，0. 0329	0. 3273，0. 1071
总体重心与标准差	140. 45，53. 34	0. 37，0. 11		

由表 6 - 11 可以发现：2003—2012 年江苏省高等教育投入与共轭点的准马氏距离为 0. 1812，相对于浙江省 -0. 1814 而言，江苏省是正向趋于共轭点，而浙江省是负向趋于共轭点，说明江苏省在高等教育投入方面的努力程度显著高于浙江省。同时，江苏省高等教育投入与共轭点的马氏距离为 0. 0328，相对浙江省 0. 0329 更近一些，因此可以说，2003—2012 年江苏省高等教育投入较浙江省而言更加趋向共轭状态。人才集聚方面，2003—2012 年江苏省人才集聚投入与共轭点的准马氏距离为 -0. 2727，相对于浙江省 0. 3273 而言，江苏省是负向趋于共轭点，而浙江省是正向趋于共轭点，说明浙江省在人才集聚投入方面的努力程度显著高于江苏省。同时，江苏省人才集聚投入与共轭点的马氏距离为 0. 0744，相对浙江省 0. 1071 更近一些，因此可以说 2003—2012 年江苏省人才集聚投入较浙江省而言更加趋向共轭状态。综上所述，可以认为，2003—2012 年，江苏省高等教育投入和人才集聚投入较浙江省而言，分别

都更加趋向共轭点，即江苏省高等教育与人才集聚两种投入较浙江省而言更加趋向共轭状态。此外，表 6 - 11 数据还提示我们：2003—2012 年，江苏省高等教育的整体投入较人才集聚投入偏多，因为其正向趋于共轭点准马氏距离为 0. 1812，人才集聚投入整体偏少，因为其负向趋于共轭点准马氏距离为 - 0. 2727。而浙江省则相反，在高等教育方面的整体投入偏少，负向趋于共轭点，准马氏距离为 - 0. 1814，在人才集聚投入方面整体偏多，正向趋于共轭点，准马氏距离为 0. 3273。

因此江苏、浙江两省通过共轭比较可以得出，江苏省较浙江省而言高等教育与人才集聚两种投入均更加趋于共轭状态，江苏省较浙江省而言应当可以更好地实现高等教育与人才集聚两种投入对经济增长的共轭驱动。同时，各种投入趋于共轭点的方向告诉我们，江苏省应当适当提高人才集聚投入的努力程度，而浙江省应当适当提高高等教育投入的努力程度。

第三节　高等教育与人才集聚两种投入对区域经济增长的共轭驱动检验

根据区域高等教育和人才集聚两种投入的共轭判别模型，已知江苏省高等教育与人才集聚两种投入较浙江省而言均更加趋向共轭状态。结合共轭的定义和性质，“共轭是指按照一定规律联系着的一对事物，而且这对事物通过一定的规律协调对称地相互影响、相互制约，使得整个系统结构相对稳定、要素联系紧密、整体功能协调、对环境适应性强”，应当得出这样的结论，即江苏省较浙江省而言高等教育与人才集聚两种投入对经济增长应当可以更好地实现共轭驱动，2003—2012 年江苏省经济增长表现应当更好。根据第五章给出的区域高等教育与人才集聚两种投入对经济增长的共轭驱动检验模型来进行验证。

区域高等教育与人才集聚两种投入对经济增长的共轭驱动检验

模型如下：

$$\ln g_i = a_i \ln x_i + b_i \ln y_i + c_i,\ i = 1,\ 2$$

其中，$\ln g_i (i = 1, 2)$分别表示江苏、浙江两省的经济增长情况，$\ln x_i (i = 1, 2)$分别表示江苏、浙江两省的高等教育投入情况，$\ln y_i (i = 1, 2)$分别表示人才集聚投入情况，a_i、b_i 和 c_i 称为偏回归系数。

由区域高等教育与人才集聚两种投入对经济增长的共轭驱动检验模型可知，当假设江苏省高等教育与人才集聚两种投入是共轭驱动经济增长的，则可以利用江苏省的数据回归出一个“共轭驱动方程”，然后将浙江省在高等教育与人才集聚两种投入方面的历史数据代入“共轭驱动方程”，则会得到2003—2012年间对应的经济增长数据，用这组数据与浙江省经济增长的实际数据比较，如果“共轭驱动方程”得到的数值大于实际数值，则说明假设成立，即江苏省较浙江省而言，江苏省高等教育与人才集聚两种投入实现了对经济增长的共轭驱动；反之亦然。

回归分析之前，先对相关数据的对数变换进行协整检验以避免伪回归。通过对江苏、浙江两省各自回归模型的残差序列进行单位根检验，采用不含截距项和时间趋势项的ADF单位根检验方法，均得到t统计量数值小于5%显著性水平临界值，从而拒绝残差序列为一个单位根过程，即残差序列是平稳序列，所以书中所考虑相关变量的对数变换对江苏、浙江两省而言均具有协整关系，可以进行有效回归分析。

表6－12　　2000—2012年江苏省经济增长、高等教育投入和人才集聚投入指标

年份	g_1	x_1	y_1	$\ln g_1$	$\ln x_1$	$\ln y_1$
2000	3256.8560	61.6600	0.2120	8.0885	4.1216	－1.5512
2001	3589.0550	84.8100	0.2240	8.1856	4.4404	－1.4961
2002	4008.9750	100.1000	0.1840	8.2963	4.6062	－1.6928
2003	4554.1950	122.4600	0.2480	8.4238	4.8078	－1.3943
2004	5228.2160	141.2600	0.2320	8.5618	4.9506	－1.4610

续表

年份	g_1	x_1	y_1	$\ln g_1$	$\ln x_1$	$\ln y_1$
2005	5986.3080	163.1100	0.3050	8.6972	5.0944	-1.1874
2006	6878.2680	182.2600	0.3260	8.8361	5.2054	-1.1209
2007	7903.1290	203.1300	0.2660	8.9750	5.3138	-1.3243
2008	8906.8270	216.0900	0.2640	9.0946	5.3757	-1.3318
2009	10011.2730	226.2800	0.2910	9.2115	5.4218	-1.2344
2010	11282.7050	225.5500	0.4780	9.3310	5.4185	-0.7381
2011	12523.8030	227.1000	0.5460	9.4354	5.4254	-0.6051
2012	13788.7070	228.6200	0.5120	9.5316	5.4321	-0.6694

利用表6-12中2000—2012年江苏省的GDP的自然对数之后的数据以及江苏省在高等教育方面投入的自然对数的数据和江苏省在人才集聚投入方面的数据，我们可以借助多元统计工具——R语言建立一个多元回归模型，通过该模型可以帮助我们了解江苏省国内生产总值与高等教育投入和人才集聚投入之间的内在关系。

考虑高等教育投入引致的经济效应的时滞性，这里我们采用前文的数据处理方式，将高等教育投入情况滞后3年，所以这里我们将研究和分析2003—2012年江苏省高等教育投入与人才集聚投入对经济增长的共轭驱动关系，得到如下的多元回归模型：

$$\begin{pmatrix} \ln g_{13} \\ \ln g_{14} \\ \vdots \\ \ln g_{1,13} \end{pmatrix} = \begin{pmatrix} \ln x_{11} & \ln y_{13} & 1 \\ \ln x_{12} & \ln y_{14} & 1 \\ \cdots & \cdots & \cdots \\ \ln x_{1,10} & \ln y_{1,13} & 1 \end{pmatrix} \begin{pmatrix} 0.7438 \\ 0.1989 \\ 5.5599 \end{pmatrix}$$

即：

$$\ln g_1 = \beta_1 \ln x_1 + \beta_2 \ln y_1 + \beta_0 = 0.7438 \ln x_1 + 0.1989 \ln y_1 + 5.5599$$

其中，$\ln g_1 = (\ln g_{13}, \ln g_{14}, \cdots, \ln g_{1,13})^T$ 表示江苏省2003—2012年之间GDP的自然对数，$\ln x_1 = (\ln x_{11}, \ln x_{12}, \cdots, \ln x_{1,10})^T$ 表示江苏省2000—2009年(滞后3年作用于区域经济发展)之间高等教育投入的自然对数，$\ln y_1 = (\ln y_{13}, \ln y_{14}, \cdots, \ln y_{1,13})^T$ 表示

江苏省 2003—2012 年人才集聚投入的自然对数。但是，模型的效果究竟好不好？该模型能否在统计的理论上得到良好的检验？我们还需要对建立的多元回归模型进行如下方差检验和回归系数的 t 检验：

方差分析

	自由度方差	和的平方	均值的平方	F 值	Pr（>F）
$\ln x_1$	1	1.24048	1.24048	400.9069	1.940e−07 ***
$\ln y_1$	1	0.01552	0.01552	5.0157	0.06011
Residuals	7	0.02166	0.00309		
…………					
Signif. codes:	*** <0.01，** <0.1，* <0.05				

残差结构

最小值	1Q	中值	3Q	最大值
−0.077169	−0.028719	−0.003455	0.021310	0.075324

参数估计以及 t 检验

	估计值	标准误	t 值	Pr（>|t|）
Intercept	5.55993	0.39949	13.92	2.34e−06 ***
$\ln x_1$	0.74384	0.06482	11.48	8.58e−06 ***
$\ln y_1$	0.19886	0.08879	2.24	0.0601
…………				
Signif. codes:	*** <0.01，** <0.1，* <0.05			
Residual standard error:	0.05563 on 7 degrees of freedom			
Multiple R^2	0.983	调整的 R^2	0.9782	
F 统计量	203 on 2 and 7 DF	p 值	6.343e−07	

由方差分析的结果可以发现：模型的 $P<0.05$，于是在 $\alpha=0.05$ 的置信水平处拒绝 H_0，接受 H_1，即本例的回归系数具有统计学的意义，也就是说，江苏省的 GDP 与高等教育投入和人才集聚投入变量之间存在着多元线性关系。由 t 检验的结果可以发现：回归参数 β_1 和回归参数 β_2 对应的 P 值都小于 0.05，可以认为解释变量江苏省的高等教育投入和江苏省的人才集聚投入对 GDP 影响显著，尤其是高等教育方面的投入对国内生产总值的影响更为显著，因为其回归系数对应的 P 值为 8.58e－06。通过上面 t 检验的结果分析，从统计学理论而言，我们可以认为，模型的回归参数具有统计学的意义，而且模型回归的结果与实际数据之间的关系拟合特别好。

如果假设 2003—2012 年江苏省的高等教育投入和人才集聚的投入处于共轭状态，那么江苏省的高等教育投入和人才集聚投入将会促进该地区的经济发展，从而对该地区的 GDP 起到共轭驱动的作用。因此，我们可以以江苏省 GDP 与高等教育投入和人才集聚投入之间的模型为依据，并以此模型来验算浙江省高等教育投入和人才集聚投入是否共轭驱动经济增长。如果浙江省高等教育投入和浙江省人才集聚投入之间处于共轭状态，那么浙江省高等教育投入和人才集聚投入将会驱动浙江省国内生产总值增长，因此不同变量之间的模型应该满足：

$$\ln \widehat{g}_2 = 0.7438\ln x_2 + 0.1989\ln y_2 + 5.5599$$

其中，$\ln x_2 = (\ln x_{21}, \ln x_{22}, \cdots, \ln x_{2,10})^T$ 表示浙江省 2003—2012 年之间高等教育投入的自然对数，$\ln y_2 = (\ln y_{23}, \ln y_{24}, \cdots, \ln y_{2,13})^T$ 表示浙江省 2003—2012 年人才集聚投入的自然对数，$\ln \widehat{g}_2 = (\ln \widehat{g}_{23}, \ln \widehat{g}_{24}, \cdots, \ln \widehat{g}_{2,13})^T$ 表示处于共轭状态下浙江省 2003—2012 年 GDP 的自然对数。将浙江省 2003—2012 年高等教育投入和人才集聚投入的观测数据代入模型中，可以计算出浙江省处于共轭状态下的 GDP。详细数据可以参考表 6－13。

表 6-13　2003—2012 年浙江省实际 GDP 与基于共轭模型的 GDP 对比

年份	$\ln g_2$	$\ln \hat{g}_2$	$\ln \hat{g}_2 - \ln g_2$
2003	7.9027	8.2303	0.3276
2004	8.0379	8.5224	0.4845
2005	8.1580	8.6403	0.4823
2006	8.2880	8.8521	0.5641
2007	8.4248	8.9541	0.5293
2008	8.5206	9.0668	0.5462
2009	8.6063	9.1662	0.5599
2010	8.7190	9.2416	0.5225
2011	8.8057	9.3541	0.5484
2012	8.8825	9.3547	0.4723

从表 6-13 中数据可以明显看出，浙江省 2003—2012 年共轭假设前提下得到的 GDP 都要比浙江省实际的 GDP 值高，所以，假设 2003—2012 年江苏省较浙江省而言，高等教育与人才集聚两种投入共轭驱动经济增长成立。从而验证了高等教育与人才集聚两种投入可以实现对经济增长的共轭驱动，而且这种共轭驱动是人们所期待的。

第七章　政策建议

根据高等教育与人才集聚两种投入对区域经济增长的共轭驱动模型，通过江苏、浙江两省的数据进行实证分析可以得出：江苏省较浙江省而言，高等教育与人才集聚两种投入更加趋向共轭状态，并且产生了对江苏省经济增长的共轭驱动效应。同时，根据江苏、浙江两省高等教育与人才集聚两种投入分别进行的比较发现，江苏省高等教育投入的努力程度具有比较优势，而浙江省人才集聚投入的情况拥有比较优势。“十二五”时期是我国经济社会发展的关键时期，也是江苏、浙江两省经济社会发展的关键阶段，如何加快转变经济发展方式、促进经济社会全面协调可持续发展，是其共同面对和需要着力解决的重大问题。加大高等教育与人才集聚两种投入，加快人才积累与集聚，有利于从根本上解决上述问题，因而高等教育与人才集聚两种投入是区域经济增长的基础性和必要性的战略性投入。一方面，要采取有效措施确保高等教育与人才集聚两种投入的增量，以满足各方面发展的需要；另一方面，在总投入能力与努力程度达到“峰值”的情况下，要把握区域高等教育与人才集聚两种投入的相对量，使区域高等教育与人才集聚两种投入趋向共轭状态，发挥共轭效应，实现对区域经济增长的共轭驱动。

第一节　加大高等教育投入，促进人才优先积累

江苏、浙江两省国民经济和社会发展的第十二个五年规划纲要

均提出依靠创新驱动实现产业结构的调整与升级、经济增长方式的战略性转变，而实施这一创新驱动都离不开人才支撑。人才最本源的供给依赖高等教育的发展，只有继续加大高等教育投入，才能培养并积累人才。另外，目前国际金融危机的深层次影响依然存在，特别是欧元区的经济低迷已经对我国经济增长速度产生负面作用。为此，加大高等教育投入既可以通过高等教育的直接投入拉动经济增长，又可以为下一轮的经济高速发展积蓄人才，充分发挥高等教育的蓄水池作用。在经济低迷的大背景下扩张高等教育也是发达国家共同的特点。①

虽然高等教育对经济增长的贡献大小可能会受区域经济结构、规模、速度等因素影响而有所区别，但高等教育通过各种路径影响经济，对经济增长有重要贡献已经被证实并广为人们所接受。江苏、浙江两省的对比研究结果显示，江苏高等教育具有比较优势，浙江需加大高等教育投入的努力程度才能使高等教育与人才集聚两种投入趋于共轭状态，在人才培养上做出与其经济发展水平相对应的更大贡献的同时，继而共轭驱动浙江省的经济增长。

如前文所述，目前地方债务负担加重，美国次贷危机和欧洲金融危机的负面影响还在继续。各级政府的财政趋紧，势必影响财政性高等教育经费投入的增长。考虑到普通百姓的实际收入、通货膨胀、贫富差距等现实国情，普通百姓的教育支付能力已经呈现出严重透支状态，学费增长已经没有太多的空间。伴随着改革开放30多年造就的“富豪”不断增加，尚处在起步阶段的高校社会捐赠是增加高校经费投入的一个重要来源。所以应当从努力增加国家财政性高等教育经费支出、大力吸引社会捐赠、严格控制学费增长等几条路径来切实解决高等教育投入问题。另外，还要通过提高高校投入经费的使用效率来解决高等教育投入不足的问题。高等教育是多极主体的交往实践活动，体现了多极主体的利益诉求和相互之间的博

① 何晓芳、李冲、迟景明：《知识经济时代的中日高等教育改革——第五届中日高等教育论坛综述》，《高等教育研究》2011年第10期。

弈，多极主体包括政府、社会、学生等。结合“谁受益，谁投入”的原则和贡献与能力相匹配的原则，加大高等教育投入主要有如下几条路径：

一　努力增加财政性高等教育经费支出

政府作为高等教育的主要受益者，并且对教育公平承担着主要责任，国家财政性高等教育支出应当作为高等教育的主要投入来源。1993 年，中国政府发布《中国教育改革和发展纲要》，首次提出国家财政性教育经费的支出“在 20 世纪末”占 GDP 的比例应达到 4% 的目标。实际上，直到 2000 年，国家财政性教育经费占 GDP 的比重也仅为 2.583%，离 4% 的目标相去甚远。到 2011 年，国家财政性教育经费支出占 GDP 的比重仍然没有达到 4%，为 3.929%。

2010 年发布的《国家中长期教育改革和发展规划纲要（2010—2020 年）》再一次规定，“提高国家财政性教育经费支出占国内生产总值比例，2012 年达到 4%。”随后，时任国务院总理温家宝在不同场合多次表态，在自己任期结束之前要还上 4% 的账。2011 年，国务院印发了《关于进一步加大财政教育投入的意见》的文件，从落实教育经费法定增长等方面提出了具体要求。2012 年，财政部下发《关于进一步落实从土地出让收益中计提教育资金相关政策的通知》。在力度前所未有的政策护航、领导表态和广泛关注之下，纠结了多少年的“4%”目标，终于在 2012 年达成。与此同时，国家财政性高等教育经费支出占 GDP 比例也实现了从 2000 年的 0.535% 到 2011 年的 0.85% 的快速增长，其年均增长率 4.3%，超过了国家财政性教育经费支出占 GDP 比例的年均增长率 3.9%。

正如前文所述，高等教育投入是人类长远发展的需要，更多地体现的是多极主体，特别是政府的责任和义务。政府，特别是地方政府在考虑整个经济社会发展的时候，往往会被眼前经济发展需要所牵制，拖欠甚或是忽略高等教育投入的现实长期存在。伴随着对高等教育重要性认识的不断深入，对高等教育投入的底线被法律法规的形式予以保障，虽然兑现法律承诺经过了一段纠结时期，好在于 2012 年在多方努力的前提下得以实现。如今，随着我国经济的快速增长，以及人们对高等教育重要性认识的不断提高，政府不但实现了法律法规规定的投入的最低标准，还把科教兴国上升为国家战略，适当增加国家财政性高等教育经费投入仍然是有可能的。

根据国家统计局统计数据指标解释："国家财政性教育经费包括公共财政预算教育经费，各级政府征收用于教育的税费，企业办学中的企业拨款，校办产业和社会服务收入用于教育的经费，其他属于国家财政性教育经费。"① 在努力增加国家财政性高等教育经费支出方面，高等学校本身可以结合"2011 计划"②，实现科学研究成果化—科技成果产品化—科技产品产业化，即努力扩大校办产业和社会服务在高等教育经费增加方面的作用，从而实现由"等、靠、要"向"自我造血与自我输血"的方向发展。这是高校在增加高等教育经费投入的自我努力方面可以突破的地方，进一步研究留待下一步进行。

二　全方位挖潜，吸引社会捐赠

改革开放 30 多年取得的经济快速增长，造就了一大批富有阶层，为社会捐赠提供了坚实的基础和可能。通过前文的分析发现，尽管高校已经认识到主动筹集资金的重要性，已有 200 多所成立了董事会，大部分高校都成立了教育基金会或校友会，但吸引社会捐赠的成效并不乐观。21 世纪以来的数据显示，普通高校社会捐赠经费占高等教育总经费比例很低，并且呈现出起伏不定的状态，今年多，明年少，同时社会捐赠在高校的分布上也极不平衡。说明在现阶段，我国高校吸纳和管理社会捐赠的重视程度不够，组织架构、管理机制不全，良好的捐赠氛围尚未建立。高校董事会、校友会和基金会大都存名乏实，法律定位不明、成员权责不清、沟通协调不够，难以有效运行，工作形式大于实质。当然，存在的现实情况从另外一方面恰恰说明了吸引社会捐赠存在着很大的机会空间，需要

---

① 中华人民共和国统计局：《统计数据指标解释》，http：//www. stats. gov. cn/tjsj/zbjs/201310/t20131029_ 449419. html，2013 年 12 月 1 日。

② 说明："2011 计划"也叫"高等学校创新能力提升计划"，是继"985 工程"、"211 工程"之后，中华人民共和国国务院在高等教育系统启动的第三项国家工程。

用心去做，值得用心去做。吸引社会捐赠将是现在和将来一段时期解决高等教育投入不足问题的最优路径。

（一）完善相关政策和法规，形成激励与保障高等教育捐赠的制度体系

以美国政府为例，美国政府通过给捐赠者提供税收减免政策、为捐赠者提供捐赠配套政策及遗产税等非捐赠的高额税负等来鼓励大众从事高等教育捐赠活动。美国政府一系列的政策措施让大众在捐赠过程中既享受了很高的社会荣誉，又得到了优厚的法定免税政策，大大激发了大众对高等教育捐赠的热情。我国在规范高等教育捐赠方面已经做了一些努力，已有的相关政策法规虽然有《中华人民共和国公益事业捐赠法》（1999）、[①]《基金会管理条例》（2004）[②] 等，但是与人们对高等教育捐赠的法律制度体系的期待还存在很大差距。目前我国企业与个人的税负都比较重，减少了企业与个人的可支配收入，对高等教育捐赠免税的政策不够优惠、不够明晰，遗产税等激励捐赠的配套税种不够，这些都从政策和法规方面影响了人们从事高等教育捐赠的动机与激情。另外，类似"郭美美"事件的负面影响告诉人们，捐赠相关政策和法规还需要有力地保护捐赠者的热情不被伤害。党在十八大报告中鼓励引导社会力量兴办教育，这是国家层面再次强调对这一领域的关注，必然会带来吸引社会捐赠的政策红利。

（二）发扬中华文化的优良传统，营造高等教育捐赠的良好氛围

倡导捐赠意识和文化氛围，是做好高等教育捐赠的重要前提。捐赠活动属于道德范畴，高等教育捐赠事业的发展，在很大程度上依赖于人们捐赠意识的提高。中华传统文化中，尊师重教、乐善好施等是高等教育捐赠的道德基础，也是企业和个人进行高等教育捐

① 1999年6月28日第九届全国人民代表大会常务委员会第十次会议通过，1999年6月28日中华人民共和国主席令第十九号公布，自1999年9月1日起施行。

② 中华人民共和国国务院令第400号，2004年2月11日国务院第39次常务会议通过，自2004年6月1日起施行。

赠的精神支柱。目前，虽然处在关键转型时期的当代中国，财富积累还是很多人的主要目标，社会责任缺乏仍有很大的市场，富人榜与慈善榜排名并不相称，但伴随着人们对高等教育重要性认识的不断深入及社会财富的不断增长，高等教育捐赠已经成为具有广泛基础的社会活动。因此，要不断加强舆论宣传，弘扬历史和现实中的高等教育捐赠行为，介绍国外先进的捐赠理念和典型事例。总之，应当通过形式多样的渠道，努力营造高等教育捐赠的良好文化氛围，让高等教育捐赠成为一种全社会普遍都乐于践行的自觉行为。

（三）在高校融入高等教育捐赠文化，形成高等教育捐赠的校园文化

高等教育捐赠不仅为高校注入重要的办学经费，还为人才培养注入了无形的精神食粮，是高校校园文化的重要组成部分。高等教育捐赠者热爱教育、无私奉献的精神会直接感染每一位学生，学生们在感受到社会人士爱心的同时，会受到高等教育捐赠者义举的正面影响。在新生刚入学之初，学校就要向学生介绍那些对学校发展有重要贡献的社会贤达、杰出校友等，让学生一踏入校园就能感受到自己所在的高校如何受到社会各界的重视，增强归属感。学校还要把高等教育捐赠者的事迹通过大事记、建筑物、捐赠文化馆等多种形式进行宣传与展示。这样，可以把高等教育捐赠文化在师生中年复一年地传颂下去。学生在这样的校园文化熏陶下，会把高等教育捐赠内化为自己的一种社会责任与义务，努力提升自己将来走上社会成为有能力回报母校的有用人才。

（四）成立校友会和基金会，提供社会捐赠及捐赠管理的组织保障

校友是高等学校发展的重要社会资源。重视和调动校友的积极性为学校发展筹措资金，是吸引高等教育捐赠的最主要工作。学校成立校友会和国内外地区分会，形成全球的校友网络，加强同世界各地校友的联系，增强校友对母校的归属感，凝聚和激发校友回报母校的热情，将对母校的捐赠内化为广大校友的责任与义务，不断增加高等教育捐赠基数。学校成立基金会，规范校友捐赠经费的使

用与增值，不断优化高等教育捐赠的使用效率也是高等教育捐赠工作的重要内容。

三　合理确定高等教育学费标准

根据高等教育成本分担、人力资本、教育个人收益等理论，进行高等教育收费，适当补偿高等教育成本是合理的、必要的。但高等教育学费标准不能“一刀切”，需要根据居民的收入差异、地区差异、高校差异等有所差别。同时，高等教育也是准公共产品，需要以公平作为具体工作的重要指南，要提供必要的贫困学生的资助，不能让学生因贫辍学。

（一）考虑居民的可支付能力

大量研究结果显示，我国高等教育学费与居民可支配收入很不匹配，高等教育学费相对于居民可支配收入明显偏高。从表7－1可以看出，2000年学费大涨，致使学费占城镇居民可支配收入的比例超过了70%，学费占农村居民可支配收入的比例接近200%。根据《国务院关于建立健全普通本科高校高等职业学校和中等职业学校家庭经济困难学生资助政策体系的意见》（国发〔2007〕13号），“除国家另有规定外，今后五年各级各类学校的学费、住宿费标准不得高于2006年秋季相关标准”。高等教育学费标准一直比较稳定。随着城乡居民可支配收入的增长，学费占城乡居民可支配收入的

表7－1　1996—2012年居民可支配收入与高校学费变化情况

项目	1996年	1997年	1998年	1999年	2000年	2001年	2005年	2012年
城镇居民可支配收入（元）	4839	5160	5425	5854	6280	6859	10493	24565
农村居民可支配收入（元）	1926	2090	2162	2210	2253	2366	3255	7917
学费（元）	1670	2171	2621	3185	4415	4557	4557	4557
学费占城镇居民可支配收入的比例（%）	34.5	42.1	48.3	54.4	70.3	66.4	43.4	18.5
学费占农村居民可支配收入的比例（%）	86.7	103.8	121.2	144.1	195.9	192.6	140.0	57.5

资料来源：潘从义：《法制视野下的高等教育学费定价机制研究》，《中国高教研究》2013年第5期。

比例不断下降。2012 年，高等教育学费占城镇和农村居民可支配收入的比例分别下降到了 18.5% 和 57.5%。但是，笔者注意到，伴随着国务院 2007 年要求高等教育学费五年内不得上涨禁令的解冻，提高高等教育学费的势头很是强劲。这里需要严防高等教育学费的“报复性”上涨，将刚刚得到缓解的居民支付压力重新推向高位。2014 年全国多地上涨了高校学费，部分地区平均涨幅达到 50%，对于收入水平较低的家庭来讲，这不是一个好消息。

（二）考虑差异性

目前，我国高校学费虽然考虑到了不同区域与不同专业的差别，但政府在高等教育学费管理上统一的较多，弹性较少，没有将我国城乡之间、区域之间、居民收入日益扩大的差距考虑进来，没有将不同学科、不同专业就培养成本的复杂情况完全考虑进来（比如实验类专业和非实验类专业在培养成本上是有很大差距的）。更值得一提的是，目前高等教育学费没有将不同高校的培养质量纳入高等学校学费定价的指标体系中，造成了高等教育的同价不同质。

（三）完善学生资助体系

《国务院关于建立健全普通本科高校高等职业学校和中等职业学校家庭经济困难学生资助政策体系的意见》（国发〔2007〕13 号）对高校学生资助进行了比较明确的规范。实施以来有效地缓解了高等教育收取学费对不发达地区以及可支配收入较低家庭接受高等教育的压力。《意见》从完善和落实国家奖学金制度、国家助学金制度、国家助学贷款政策等方面对高校学生资助进行了明确的规范。从 2007 年起，国家还对教育部直属师范大学新招收的师范生实行免费教育。并要求高校“要按照国家有关规定从事业收入中足额提取一定比例的经费，用于学费减免、国家助学贷款风险补偿、勤工助学、校内无息借款、校内奖助学金和特殊困难补助等。”①

---

① 《国务院关于建立健全普通本科高校高等职业学校和中等职业学校家庭经济困难学生资助政策体系的意见》（国发〔2007〕13 号），http：//www. gov. cn/zwgk/2007 - 05/23/content_ 623615. htm，2013 年 12 月 1 日。

四 提高高等教育经费使用效率

在高等教育经费既定的情况下，提高高等教育经费使用效率是解决经费不足的最有效路径。2012 年，我国实现了教育经费占 GDP 4%的目标，实现了教育投入的增长。但各级教育投入包括高等教育投入不足，仍然是个现实且严峻的问题。如何能把钱用到刀刃上成了各界普遍关心的问题。高等学校一方面存在经费紧张，另一方面也存在资源浪费。要将产出—投入比作为高等教育经费使用的重要指标，对核心指标所需要的经费进行科学预算、规范管理和审计监督。提高高等教育经费使用效率是一个非常复杂的工程，需要考虑的因素很多。由于时间和篇幅的限制，留待进一步研究。

第二节 加大人才集聚投入，促进人才有效集聚

人才的流动性使人才集聚投入对于经济发展的现实需求显得更为迫切和重要。因此，国家和江苏、浙江两省的中长期人才发展规划纲要（2010—2020 年）都对人才发展的目标、任务、体制机制创新、政策保障、组织实施等做出了战略规划。有效实施人才发展规划纲要，势必要增加人才集聚投入，从而有利于加快人才有效集聚。通过江苏、浙江两省的数据分析可知，两省从业人员人均受高等教育年限均超过全国平均水平，说明两省人才集聚水平均也在全国平均水平之上，属于人才集聚较好的区域。

根据前面的估算结果，江苏省较浙江省而言，需要进一步加大人才集聚投入的努力程度，提高从业人员的受高等教育水平，使凝结在从业人员中的高等教育为其经济增长做出更大的贡献。就江苏省高等教育与人才集聚两种投入的共轭情况来看，江苏省需要进一步加大人才集聚投入，才能使江苏省高等教育与人才集聚两种投入更趋于共轭状态，共轭驱动经济增长。加大人才集聚投入是一项综合性工程，除直接提高福利待遇外，还要从产业结构调整、规章制

度建设、综合环境优化等方面来综合考虑。

一 调整产业结构，形成人才集聚需求

伴随着知识经济时代的到来，三次产业结构的比重发生了明显的变化，第三产业成为经济的主导产业。基于知识服务与咨询特征的第三产业，让生产力水平更加进步，生活质量更加提高。科技进步与人才集聚成为经济增长的最主要来源。目前，我国第一产业现代化水平较低，集约化、规模化尚未形成。第二产业结构粗放，科技落后，低水平重复现象严重，缺乏核心竞争力。第三产业虽有较大发展，但在对科技与人才要求高的交通通信、金融管理、信息技术等领域比较劣势仍然突出。

调整优化产业结构，形成新兴产业集聚，让生产要素与人才要素实现集聚与重组。适应知识经济时代的产业结构调整必然形成对人才集聚的需求，产业集聚必然引致人才集聚也让这一促进人才集聚的方式呈现出较低的成本，是加大人才集聚投入的首选方式。第一，大力发展第三产业，调整第三产业的内部结构，重点发展信息咨询、科技创新、金融等新兴行业，实现对第一、第二产业的高品质服务。第二，调整优化第一产业，加大农业基础设施投入，用现代化机械装备农业生产，用现代科技提升农业产出等。第三，调整优化第二产业，用科技加强对传统制造业的改造，努力发展高新技术产业。

二 加强制度建设，保障人才有效集聚

诺斯认为，制度可以分为三类：第一类是宪法，包括确立生产、交换和分配基础的一整套政治、经济和社会的基本规则；第二类包括法律、规章、制度和合同，依据宪法创立；第三类是规范性的行为准则，包括风俗习惯、文化背景和意识形态等。[①] 与人才集聚密切相关的制度体系包括身份管理制度、人才配置制度和人才激励制度。

---

① 张樨樨：《中国人才集聚的理论分析与实证研究——基于 IMSA 分析范式》，首都经济贸易大学出版社 2010 年版，第 194 页。

第一，人才集聚的前提是人才可以合理流动，为了配合人才的合理流动，需要建立科学高效的身份管理制度，让不同单位、不同地域的人才实现顺畅的对接。

第二，与其他资源一样，人才资源在配置过程中受到人才配置制度的影响。计划和市场同样是人才配置制度的两种主要形式。我们应当发挥计划和市场两种人才资源配置手段的优势，建立人才流动配置机制，更好地实现人才集聚。

第三，人才集聚是需要法制保障的。《国家中长期人才发展规划纲要（2010—2020年）》明确指出："坚持用法制保障人才，推进人才管理工作科学化、制度化、规范化，形成有利于人才发展的法制环境。加强立法工作，建立健全涵盖国家人才安全保障、人才权益保护、人才市场管理和人才培养、吸引、使用等人才资源开发管理各个环节的人才法律法规。"①

三　优化综合环境，促进人才和谐集聚

令人愉悦的环境对人有着天然的吸引力，能让人心情舒畅，对工作与生活充满激情。促进人才集聚，环境因素是一项必然要考虑的影响因素。环境包括物质环境和社会环境。物质环境是指物质空间中可以直接、间接影响到人们生产、生活的一切自然的物质、能量的总体，主要包括空气、水、阳光、动植物、土壤、岩石等物质资源，当然包括这些物质资源组合而成的天然的或人工的"画卷"。这些是人才集聚后赖以生存的物质基础。随着人类社会生产力水平的提高，人类改造物质环境的速度在加快。社会环境是指对我们所处社会的政治、经济、法制、科技、文化等环境因素。社会环境对人们的职业生涯乃至人生发展有着重大影响。当今社会，与改造物质环境相比，社会环境的改造并不是那么容易一蹴而就的。

随着我国经济发展水平的提高，物质环境的改善有了一定的经济基础。为促进人才集聚，可以首先从相对容易的物质环境改善人

---

① 《国家中长期人才发展规划纲要（2010—2020年）》，http：//news. xinhuanet. com/politics/2010－06/06/c_ 12188202_ 2. htm，2013年12月1日。

手，加强人才集聚地区的基础设施建设，主要是加强生活、教育、医疗、休闲等高品质衣食住行的环境建设。其次，要注重社会环境建设，正如十八大报告所述："倡导富强、民主、文明、和谐，倡导自由、平等、公正、法治，倡导爱国、敬业、诚信、友善，积极培育社会主义核心价值观"。①

第三节 促进高等教育与人才集聚两种投入对区域经济增长的共轭驱动

知识经济时代的大背景下，无论是加大高等教育投入还是加大人才集聚投入，都已经得到社会各界的广泛认同并得以付诸努力。多极主体自身发展的诉求与区域整体经济社会发展的需要等存在着一定的博弈关系，区域总体投入水平受到其经济发展水平的限制，总会存在一个投入上限。假设区域总投入既定，那么区域内高等教育与人才集聚两种投入之间存在着博弈关系。要想高等教育发展、人才队伍建设，以及这两方面工作对经济社会发展的促进达到最佳的状态，高等教育与人才集聚两种投入必须趋向共轭状态。当高等教育与人才集聚两种投入趋于共轭状态时，可以形成对经济增长的共轭驱动。共轭是考察区域内高等教育与人才集聚两种投入，以及两种投入与经济增长关系的新视角。当高等教育与人才集聚两种投入达到共轭状态时，即多极主体通过博弈，达成了一种相对以满意为标准的共轭状态，区域会形成一个结构相对稳定，要素联系紧密、整体功能协调、对环境适应性强的共轭体系。

一 合理选取共轭状态参照标准

高等教育投入与人才集聚投入在驱动区域经济增长的过程中，作为一对共轭要素，有着多极主体的价值渗透。即不同的主体或同

---

① 人民网：《胡锦涛在中国共产党第十八次全国代表大会上的报告》，http://cpc.people.com.cn/n/2012/1118/c64094-19612151-6.html，2012年11月18日。

一主体在不同的时期会呈现多种多样的价值诉求，这些不同的价值诉求通过相互博弈会形成影响高等教育与人才集聚两种投入的“综合影响力”。当这个“综合影响力”认为现阶段高等教育投入较人才集聚投入更具有“价值”，则会在高等教育投入上呈现出较人才集聚投入更多的努力程度；反之亦然。当这个“综合影响力”认为高等教育与人才集聚两种投入同等重要时，则会努力兼顾两种投入的比例大小。21 世纪以来的数据显示江苏省较浙江省而言，在高等教育投入上的努力程度是高的；而浙江省较江苏省而言，在人才集聚投入上的努力程度较高。不同的努力程度反映了江苏、浙江两省的价值标准。我国将科教兴国和人才工作都上升到国家战略，也体现了国家层面在高等教育与人才集聚方面的价值取向。

当然区域投入决策者在总投入有限的情况下，肯定希望能够有兼顾高等教育与人才集聚两种投入的理想的“客观标准”，但在 20 世纪 50 年代以后，人们已经认识到以“经济人”假设为基础的完全理性决策是很难实现的，只是一种理想目标。赫伯特·西蒙提出的“满意标准”和“有限理性标准”才有现实指导意义。那么决策者由于“有限理性”而屈求的“满意标准”如何确定呢？本书给出的就是这类例证：考虑到江苏、浙江两省同处在工业基础雄厚、商品经济发达的长三角地区，江苏、浙江两省的政治、经济、文化长期相互影响（相互竞争与借鉴），要把握江苏、浙江两省高等教育与人才集聚两种投入的共轭状态，以两省域的“均值”为共轭点是一个令人“满意”的标准。在研究其他目标区域的时候，当然可以根据多极主体“价值渗透”综合影响力的情况而寻求令人“满意”的共轭状态参照标准。

二　准确估算共轭状态趋向程度

有了共轭状态的参照标准，准确找出区域内高等教育投入、人才集聚投入的共轭状态是最为重要的事情。随着数学的发展及其在其他学科领域应用的深入，通过建模并定量研究社会现象成为可能。本书通过判别分析法和聚类分析法来寻找高等教育投入、人才集聚投入分别与“共轭点”的“距离”。本书运用的判断分析法和聚类分析法是数量经济和多元统计中两类重要的计量工具和方法。判别分析法所要解决的问题是根据观测到的某些样本指标的数据，并对这些数据接近程度进行描述性统计，然后对分析的结果建立适当的判别函数，再依据判别函数和指定的一种判别准则，对样本之间进行准确的分类，从而可以判断新样品的归属。聚类分析法是研究"物以类聚"的一种现代统计分析方法，目的是将给定的总体按照一定的原则分成若干类，这些类事先并没有给定，而是通过统计分析的方法依据数据的特征来确定如何进行分类。在同一类中的样本的性质在某种程度上趋于彼此相似，但是，在不同类中的样本的性质趋于不相似。最后通过"马氏距离"定量估算出江苏、浙江两省高等教育与人才集聚两种投入趋向（或偏离）共轭状态的程度。

三　及时调整要素投入大小与比例

当目标区域高等教育投入与人才集聚投入实际情况与具有主体价值渗透特征的共轭状态的差距被估算出来之后，就需要及时调整相关投入的大小与比例，以尽可能早地实现高等教育与人才集聚两种投入对区域经济增长的共轭驱动。本书的研究结果显示，江苏省需要在保持高等教育投入现有水平的基础上，进一步加大人才集聚投入的努力程度；而浙江省则需要在保持人才集聚投入现有水平的基础上，进一步加大高等教育投入的努力程度。当然，这需要江苏、浙江两省的投入水平许可，即可以适当增加区域内高等教育与人才集聚两种投入的总量。如果区域内高等教育与人才集聚两种投入的总量既定，那么，在增加一种投入的同时，另一种投入必然要相应地减少。这种调整是资源有限情况下，多极主体向有限的资源寻求"相对满意"效率目标的必然选择。

需要进一步说明的是，共轭状态是动态存在的，可以由某种状态进阶到下一个更高层次。区域内高等教育与人才集聚两种投入共轭的核心是根据投入资源分配的现状及需求，通过共轭判别模型进行定量比较，厘清两种投入的实际情况，进而调整区域内两种投入动态趋向共轭状态，发挥共轭效应，实现对经济增长的共轭驱动。这种共轭机制不是一种预先的明确的政策设计，而是在高等教育投入、人才集聚投入、经济增长的长期互动实践过程中动态调整的。因此，需要人们高度重视两种投入的共轭关系，动态把握共轭状态，并及时做出调整，最大限度地发挥高等教育与人才集聚两种投入对经济增长的共轭驱动效应。

第八章　结论与展望

第一节　研究结论

第一，区域高等教育与人才集聚两种投入是一对共轭要素，并且高等教育与人才集聚两种投入对区域经济增长存在共轭驱动机理。人才是区域经济增长最为重要的投入要素，就区域经济来讲，高等教育与人才集聚两种投入因其对人才供给的不同作用而不可偏废。在一定的时间范围内，区域如果缺少了高等教育投入，则人类社会的长远发展就没有保障；区域如果缺少了人才集聚投入，则经济社会的现时进步就缺少支撑。在区域总投入和其他投入既定的假设条件下，在一定的时间范围内，高等教育与人才集聚两种投入存在着受多极主体不同诉求影响的、此消彼长的共轭关系，是一对共轭要素。当高等教育与人才集聚两种投入的共轭关系趋向多极主体均能满意的共轭状态时，两种投入既能够满足高等教育发展需要，又能够实现人才队伍建设目标，还能共同驱动区域经济增长。

第二，高等教育与人才集聚两种投入对区域经济增长的共轭驱动可以借助构建相关模型来进行定量分析。根据高等教育与人才集聚两种投入对区域经济增长的共轭驱动机理，构建了区域高等教育与人才集聚两种投入的共轭判别模型和高等教育与人才集聚两种投入对区域经济增长的共轭检验模型。判断分析法与聚类分析法都是数量经济和多元统计中重要的计量工具和方法，其中判别分析法是固定分类法的常用方法之一（预设一个目标类，通过判别分析法判别不同的样本是否属于目标类），聚类分析法是自动分类的常用方法之一（对超过三个以上样本进行自动分类）。考虑到以江苏、浙江两省为样本，所以主要借助了判别分析法来实现区域高等教育与人才集聚两种投入共轭判别模型的构建。目标类的选取是基于“共轭是主体价值的渗透”的观点、西蒙的“有限理性”和相邻区域的“趋同效应”假设实现的。高等教育与人才集聚两种投入对区域经济增长的共轭驱动检验模型则是借助高等教育投入、人才集聚投入和经济增长之间关系的回归方程来构建的。

第三，江苏省较浙江省而言，高等教育与人才集聚两种投入更加趋向共轭状态，且产生了对区域经济增长的共轭驱动效应。通过共轭相关模型，准确估算了江苏、浙江两省高等教育与人才集聚两种投入趋向共轭状态的程度，验证了高等教育与人才集聚两种投入可以实现对区域经济增长的共轭驱动。通过区域高等教育与人才集聚两种投入的共轭判别模型得出，江苏省高等教育与人才集聚两种投入更加趋向共轭状态；同时得出，江苏省高等教育投入的努力程度优于浙江省，浙江省人才集聚投入的努力程度优于江苏省。借助高等教育与人才集聚两种投入对区域经济增长的共轭驱动检验模型，得出江苏省较浙江省而言，高等教育与人才集聚两种投入对经济增长实现了更好的共轭驱动效应。所以，江苏省要进一步提高人才集聚投入的努力程度，而浙江省要加大高等教育投入的努力程度，同时要注意两种投入比例关系的合理调整，使高等教育与人才集聚两种投入趋向共轭状态，以期实现对区域经济增长的共轭驱动效应。

第二节　创新之处

一　研究视角创新

较为系统地介绍了共轭相关概念及其基本特征，并将共轭作为高等教育与人才集聚两种投入驱动区域经济增长研究的一个全新视角。“轭”就是指对系统发展具有既不可或缺又相互博弈的具有同等重要性的内部成对要素之间的一种联系。“共轭”是包含了“共轭要素”和“轭”的一种组合状态，即“共轭状态”。共轭状态强调，共轭要素既相互制约又相互促进，使得整个系统结构相对稳定、整体功能协调、对环境适应性强。共轭是系统整体性和相关性的内在表现，是系统自组织的原动力之一。共轭强调系统的稳定性，而非系统发展的速度。然而事实上，在共轭系统中，共轭要素共轭驱动的目标是使整个系统发生内耗减少、系统更趋稳定有序的共轭效应，大多数时候这种共轭效应往往表现为系统发展不但速度较快，而且稳定有序。

二 研究工具创新

构建了区域高等教育与人才集聚两种投入的共轭判别模型，以及高等教育与人才集聚两种投入对区域经济增长的共轭驱动检验模型。在分析了高等教育与人才集聚两种投入之间的内在共轭关系，以及高等教育与人才集聚两种投入对区域经济增长共轭驱动机理的基础上，借助判别分析法等构建出区域高等教育与人才集聚两种投入的共轭判别模型，以及高等教育与人才集聚两种投入对经济增长的共轭驱动检验模型。

三 决策原则创新

依据相关共轭模型，以江苏、浙江两省数据对高等教育与人才集聚两种投入对区域经济增长的共轭驱动进行了实证分析。分析结果显示，江苏省较浙江省而言，高等教育与人才集聚两种投入更加趋向共轭状态，且高等教育与人才集聚两种投入对区域经济增长发挥了更好的共轭驱动效应。同时，实证分析结果还得出，江苏省在高等教育投入方面的努力程度要比浙江省高，江苏省应当进一步加强对人才集聚投入的努力；浙江省则相反，浙江省在人才集聚的效果上比江苏省要好，浙江省应当进一步提高对高等教育投入的努力程度。共轭原则成为一个新的决策原则参考。

第三节　主要不足

第一，由于时间和论文篇幅所限，为了更有效地分析“共轭”理论及其应用，本书选取了比较容易理解和接受的，系统内成对要素的共轭问题进行研究。然而现实生活中，系统是异常复杂的。复杂系统内多要素的共轭现象是到处存在的，需要借助较为复杂的现代数学研究所取得的成就以及计量方法做进一步研究。以期模型更贴近现实，更能解决实际问题。

第二，鉴于有关数据的可得性以及数据口径的缺陷，有关数据，如人才集聚投入的指标选取上不够直接，是在假设人才集聚投入与人才集聚效果高度正相关的前提下，用人才集聚效果来表征人才集聚投入情况。

第四节　研究展望

第一，共轭作为哲学社会科学研究一个全新的视角，值得系统地、深入地给予更多的关注，共轭将成为一个全新的研究领域。后续研究可以将成对要素的共轭关系研究推广到多要素的共轭关系研究，以期能够更加真实地反映和解决实际问题。

第二，共轭视角除了可以洞察高等教育与人才集聚两种投入之间的关系，还可以用来研究初等教育、中等教育与高等教育投入之间的关系；研究高等教育投入中国家财政性经费支出、社会捐赠投入以及学费投入等之间的关系。当然，也可以应用在其他领域，共轭有着十分广泛的应用领域和十分广阔的应用前景。

参考文献

（一）中文文献

1. ［爱尔兰］贝克莱：《人类知识原理》，关文云译，商务印书馆 1973 年版。
2. ［德］阿尔弗雷德·韦伯：《工业区位论》，李刚剑等译，商务印书馆 1997 年版。
3. ［德］杜能：《孤立国同农业和国民经济的关系》，吴衡康译，商务印书馆 1986 年版。
4. ［德］恩斯特·卡西尔：《人论》，上海译文出版社 1985 年版。
5. ［德］黑格尔：《哲学史讲演录》第二卷，贺麟等译，商务印书馆 1983 年版。
6. ［德］克里斯塔勒：《德国南部中心地原理》，常正文等译，商务印书馆 2010 年版。
7. ［德］勒施：《经济空间秩序》，王守礼译，商务印书馆 2010 年版。
8. ［德］马克思：《马克思恩格斯全集》第 42 卷，人民出版社 1979 年版。
9. ［德］马克思：《资本论》，［英］萨缪尔·穆尔、［英］爱德华·艾威林译，世界图书出版公司 2010 年版。
10. ［德］文德尔班：《哲学史教程》上卷，罗达仁译，商务印书馆 1987 年版。
11. ［法］萨伊：《政治经济学概论：财富的生产分配和消费》，陈福生等译，商务印书馆 1997 年版。
12. ［古希腊］柏拉图：《理想国》，黄颖编译，中国华侨出版社

2012 年版。
13. ［美］艾萨德：《区位与空间经济——关于产业区位、市场区位、土地利用、贸易和城市结构的一般理论》，杨开忠等译，北京大学出版社 2011 年版。
14. ［美］贝克尔：《人力资本理论：关于教育的理论和实证分析》，郭虹等译，中信出版社 2007 年版。
15. ［美］E. 博登海默：《法理学——法律哲学与法律方法》，邓正来译，中国政法大学出版社 1999 年版。
16. ［美］布鲁贝克：《高等教育哲学》，王承绪等译，浙江教育出版社 1987 年版。
17. ［日］南亮进、牧野文夫、罗欢镇：《中国的教育与经济发展》，关权译，社会科学文献出版社 2012 年版。
18. ［日］藤田昌久、［美］克鲁格曼、［英］维纳布尔斯：《空间经济学——城市、区域与国际贸易》，梁琦主译，中国人民大学出版社 2013 年版。
19. ［苏］科斯塔年：《教育经济学的对象和方法》，丁酉成等译，教育科学出版社 1981 年版。
20. ［英］奥卡姆：《逻辑大全》，王路译，商务印书馆 2010 年版。
21. ［英］李嘉图：《政治经济学及赋税原理》，周洁译，华夏出版社 2013 年版。
22. ［英］马歇尔：《经济学原理》，廉运杰译，华夏出版社 2005 年版。
23. ［英］亚当·斯密：《国富论》，郭大力等译，生活·读书·新知三联书店 2009 年版。
24. ［英］约翰·穆勒：《政治经济学原理——及其在社会哲学上的若干应用》，赵荣潜等译，商务印书馆 1991 年版。
25. 辞海编辑委员会：《辞海》（第六版缩印本），上海辞书出版社 2010 年版。
26. 高惠璇：《应用多元统计分析》，北京大学出版社 2005 年版。
27. 何建华：《经济正义论》，上海人民出版社 2004 年版。

28. 黄基伟、鲁莹：《保罗·克鲁格曼——新经济地理学开创者》，人民邮电出版社 2009 年版。
29. 黄维德、王达明：《知识经济时代的人力资本研究》，上海社会科学院出版社 2012 年版。
30. 李星云：《教育与经济论》，安徽人民出版社 2008 年版。
31. 梁小民、姚开建：《西方经济学必读手册》，中国物资出版社 1999 年版。
32. 毛健：《经济增长理论探索》，商务印书馆 2009 年版。
33. 聂锦芳：《哲学形态的当代探索》，民族出版社 2002 年版。
34. 聂锐、芈凌云、高伟、毛帅：《现代管理论》，中国矿业大学出版社 2007 年版。
35. 任平：《创新时代的哲学探索——出场学视域中的马克思主义哲学》，北京师范大学出版社 2009 年版。
36. 孙正聿：《哲学导论》，中国人民大学出版社 2000 年版。
37. 王斌会：《多元统计分析及 R 语言建模》，暨南大学出版社 2010 年版。
38. 夏少武、夏树伟：《结构化学》，科学出版社 2012 年版。
39. 杨河清、胡建林：《劳动经济学》，武汉大学出版社 2009 年版。
40. 杨柳新：《人力资本与中国现代化：中国人力资本成长模式研究》，山东大学出版社 2003 年版。
41. 张楚廷：《张楚廷教育文集》第一卷，湖南教育出版社 2007 年版。
42. 张樨樨：《中国人才集聚的理论分析与实证研究——基于 IMSA 分析范式》，首都经济贸易大学出版社 2010 年版。
43. 《马克思恩格斯全集》第 3 卷，人民出版社 2002 年版。
44. ［美］迪克西特、斯蒂格利茨：《垄断竞争和最优的产品多样化》，王涵宇等译，《延边大学学报》（社会科学版）2005 年第 3 期。
45. ［美］L. 伍德：《认识论概述》，纪虎民译，《哲学译丛》1984 年第 6 期。

46. ［美］保罗·克鲁格曼：《收益递增与经济地理》，吴启霞等译，《延边大学学报》（社会科学版）2006 年第 1 期。
47. ［美］科恩布里斯：《直觉、自然主义与认识论》，《世界哲学》2014 年第 4 期。
48. ［美］威尔弗雷德·J. 艾瑟尔：《现代国际贸易理论中的国内和国际规模收益》，邵海军等译，《延边大学学报》（社会科学版）2005 年第 2 期。
49. 安雪慧：《中国三级教育对经济增长的贡献率差异分析》，《天津市教科院学报》2002 年第 2 期。
50. 曹则贤：《物理学咬文嚼字之四十二：共轭》，《物理》2011 年第 10 期。
51. 陈浩、薛声家：《教育投入对中国区域经济增长贡献的计量分析》，《经济与管理》2004 年第 10 期。
52. 陈立言：《论马克思主义大众化中的“代言”与“立言”共轭》，《广西社会科学》2012 年第 7 期。
53. 陈柳钦：《共轭互补的风险投资与高新技术产业》，《科技创业月刊》2012 年第 2 期。
54. 陈锡林、刘艳：《体育伦理道德观的基本问题》，《苏州丝绸工学院学报》2000 年第 6 期。
55. 陈奕浪：《运用共轭控制原理优化课堂教学》，《职业教育研究》2006 年第 8 期。
56. 仇屹珏：《人才集聚与产业集群互动发展的若干思考》，《人力资源管理》2014 年第 2 期。
57. 崔玉平、李晓文：《江苏省高等教育规模扩大对短期经济增长的效应分析》，《教育与经济》2006 年第 3 期。
58. 崔玉平：《教育对经济增长贡献率的估算方法综述》，《清华大学教育研究》1999 年第 1 期。
59. 崔玉平：《中国高等教育对经济增长率的贡献》，《北京师范大学学报》（人文社会科学版）2000 年第 1 期。
60. 丁三青：《大学“被行政化”与“去行政化”》，《中国高等教育》2010年第10期。
61. 丁小浩、陈良：《高等教育扩大招生对经济增长和增加就业的影响分析》，《教育发展研究》2000年第2期。
62. 董岩辉：《共轭互补的城市化与房地产业：一个理论解释》，《理论与改革》2014年第2期。
63. 樊华：《高等教育对经济增长影响的实证比较研究》，《辽宁教育研究》2006年第2期。
64. 樊杰：《实用主义哲学视野中的高等教育——关于布鲁贝克和他的〈高等教育哲学〉》，《湖南师范大学教育科学学报》2012年第5期。
65. 范军：《理想主义让出版拥有尊严》，《现代出版》2013年第6期。
66. 方敏：《青藏铁路经济带的空间结构演化模式——共轭双核结构》，《经济地理》2007年第4期。
67. 方新琪：《处理疑难问题的"共轭控制"法》，《领导科学》1991年第4期。
68. 方宗祥：《英语共轭修辞的概念合成分析》，《外语研究》2011年第6期。
69. 傅毓维、尹航、刘拓、杨贵彬：《风险投资与高新技术产业共轭双驱动机理分析》，《科技管理研究》2007年第2期。
70. 郭芳芳：《高等教育哲学应走向人——对布鲁贝克高等教育哲学观的质疑》，《太原师范学院学报》（社会科学版）2008年第4期。
71. 郭晓：《共享　共轭　共振：平衡配置艺术教育资源的学术探析》，《艺术教育》2013年第4期。
72. 何韧初：《菲迪克条款的理论意义——共轭控制论》，《民主与科学》1994年第1期。
73. 何韧初：《共轭控制论——贯彻〈会计法〉的方法》，《江海纵横》2000年第4期。
74. 何晓芳、李冲、迟景明：《知识经济时代的中日高等教育改革——第五届中日高等教育论坛综述》，《高等教育研究》2011 年第 10 期。

75. 侯佩旭、范士陈：《建国后海南岛社会变迁与旅游开发共轭演进的历史考察》，《淮海工学院学报》（社会科学版）2010 年第 7 期。

76. 胡蓓、朱朴义：《产业集群人才集聚拥挤研究》，《科技进步与对策》2013 年第 19 期。

77. 黄海军、李立国：《我国研究生教育对经济增长的贡献率——基于 1996—2009 年省际面板数据的实证研究》，《高等教育研究》2012 年第 1 期。

78. 金家胜、王如松、黄锦楼：《城市生态的共轭调控方法——以门头沟共轭生态修复为例》，科技部、山东省人民政府、中国可持续发展研究会：《2010 中国可持续发展论坛（2010 年专刊）》（一），2010 年。

79. 李福华：《高等教育哲学基础新探——兼评布鲁贝克高等教育哲学基础观》，《华东师范大学学报》（教育科学版）2003 年第 12 期。

80. 李光红、孙丽丽、李文喜：《演化博弈视角下人才集聚关键影响因素及发展路径研究》，《东岳论丛》2013 年第 11 期。

81. 李洪天：《20 世纪 90 年代我国教育发展对经济增长的贡献研究》，《南京政治学院学报》2001 年第 6 期。

82. 李建华：《论道德意志的发生》，《有色金属高教研究》1990 年第 1 期。

83. 李俊：《本土高等教育哲学的个性特征——读张楚廷教授的〈高等教育哲学〉》，《高教探索》2008 年第 4 期。

84. 李欣复：《论艺术思维的共轭控制与反馈运动》，《齐鲁学刊》1985 年第 6 期。

85. 李志峰：《西方高等教育哲学观的反思与批判——兼评布鲁贝克高等教育哲学观》，《现代教育科学》2006 年第 5 期。

86. 刘晨燃：《论物质资本的积累效应》，《山东经济》2009 年第

5 期。
87. 刘春梅:《科技人才集聚与产业集聚的互动发展研究》,《中国经贸导刊》2009 年第 22 期。
88. 刘光中、罗莉:《国民经济最优规划中的共轭问题研究》,《经济数学》1994 年第 1 期。
89. 刘林、崔玉平、杜增吉:《利用数学模型研究高等教育对江苏经济增长率的贡献》,《数学的实践与认识》2009 年第 3 期。
90. 刘林、郭莉、李建波、丁三青:《高等教育和人才集聚投入对区域经济增长的共轭驱动研究——以江浙两省为例》,《经济地理》2013 年第 10 期。
91. 刘林:《中国高等教育对经济增长率贡献的研究》,《合肥学院学报》(自然科学版)2007 年第 1 期。
92. 刘林:《走向交往实践的高等教育哲学》,《江苏高教》2014 年第 4 期。
93. 刘生元、张世晨:《教育对经济增长贡献的计量分析》,《统计教育》2001 年第 5 期。
94. 刘拓、傅毓维:《我国科教投入对经济增长贡献率实证分析:1979—2006》,《科学管理研究》2008 年第 10 期。
95. 刘拓、朱发根、傅毓维:《基于系统学原理的企业成长路径共轭机理分析》,《科技进步与对策》2008 年第 12 期。
96. 刘召鑫:《浙江省高等教育对经济增长的贡献率分析》,《浙江教育科学》2013 年第 3 期。
97. 柳俊君:《教育对江西经济增长贡献的计量分析》,《科技广场》2004 年第 9 期。
98. 马玲、孟冬冬:《江苏高等教育对经济的直接拉动效应研究》,《南京审计学院学报》2005 年第 4 期。
99. 马陆亭:《教育对经济的“推动”与“拉动”》,《高等教育研究》2000 年第 1 期。
100. 马廷奇:《冲突与整合:西方两种高等教育哲学观的演变》,《江苏高教》2002 年第 3 期。

101. 毛凯梅：《论人才集聚》，《中外企业家》2012 年第 7 期。
102. 米红、郭书君：《未来十年我国高等教育经费投入状况的理论分析与实证研究》，《教育与经济》2005 年第 1 期。
103. 母小勇、韦剑剑：《论高等教育哲学的人学基础》，《教育研究》2012 年第 12 期。
104. 聂锦芳、刘秀萍：《科学活动中的价值渗透》，《社会科学》1995 年第 4 期。
105. 欧阳康：《复杂性与人文社会科学创新》，《哲学研究》2003 年第 7 期。
106. 彭红玉：《高等教育哲学与高等教育研究的创新发展——中美两部〈高等教育哲学〉的启示》，《煤炭高等教育》2007 年第 4 期。
107. 邱琳：《新中国成立后人才集聚效应及其启示》，《中国人才》2013 年第 6 期。
108. 任平：《走向交往实践的唯物主义》，《中国社会科学》1999 年第 1 期。
109. 隋玉龙：《科技革命、产业革命及其影响》，《国际研究参考》2013 年第 6 期。
110. 孙健、尤雯：《人才集聚与产业集聚的互动关系研究》，《管理世界》2008 年第 3 期。
111. 孙拥军、张子麟：《河北省教育投入对经济发展的促进作用》，《经济与管理》2009 年第 3 期。
112. 唐万宏：《论我国高等教育社会捐赠的传承与借鉴》，《南京师范大学报》（社会科学版）2007 年第 7 期。
113. 童海滨、刘晓君：《基于共轭分析理论的大学发展要素研究》，《科技风》2012 年第 18 期。
114. 万梅：《多元哲学观的并存：高等教育发展的必然趋势》，《现代教育科学》2008 年第 2 期。
115. 王家庭：《教育对我国区域经济增长的贡献——基于 31 省区面板数据的实证研究》，《复旦教育论坛》2013 年第 3 期。

116. 王涛：《论道德实践及其原则》，《山东社会科学》2000 年第 5 期。
117. 王锡朝、王宇飞、金浩：《河北省高等教育对区域经济增长的贡献研究》，《河北师范大学学报》（哲学社会科学版）2011 年第 5 期。
118. 王勇：《人才集聚研究综述》，《成才之路》2013 年第 24 期。
119. 王玉珣：《孔子教育经济思想探微》，《教育与经济》1991 年第 2 期。
120. 吴金昌、齐平：《人的主体性、需要和价值意识与德育》，《河北师范大学学报》（教育科学版）2008 年第 11 期。
121. 吴霞：《中国高等教育对经济增长的影响——基于广西省数据进行的实证分析》，《石家庄经济学院学报》2013 年第 6 期。
122. 谢文郁：《偶态分析中的实在论和唯名论》，《世界哲学》2014 年第 5 期。
123. 徐小洲、王晨：《西方高等教育认识论的哲学基础》，《教育研究》2001 年第 8 期。
124. 许永刚：《体育共轭控制原理在篮球训练中的应用》，《体育科学》1988 年第 3 期。
125. 阎国华、邹放鸣：《大学与社会的共轭：人才培养与社会需求间的适度关系研究》，《东北大学学报》（社会科学版）2013 年第 2 期。
126. 杨红霞：《高等教育哲学基础的拓展》，《清华大学教育研究》2006 年第 1 期。
127. 杨天平、刘召鑫：《中国高等教育对经济增长贡献率的分析比较》，《高校教育管理》2014 年第 3 期。
128. 杨杏芳：《论高等教育的科技哲学基础——兼论从科技哲学的视域实现对布鲁贝克经典的超越》，《江苏高教》2010 年第 3 期。
129. 姚益龙、林相立：《教育对经济增长贡献的国际比较：基于多变量 VAR 方法的经验研究》，《世界经济》2005 年第 10 期。

130. 姚益龙：《有关教育与经济增长理论的文献综述》，《学术研究》2004 年第 3 期。
131. 尹科、王如松、姚亮、梁菁：《基于复合生态功能的城市土地共轭生态管理》，《生态学报》2014 年第 1 期。
132. 于强、韩庆璞：《河北省产业集群与人才集聚的互动发展研究》，《经营管理者》2014 年第 13 期。
133. 于晓曼、耿涌、薛冰、董会娟、田旭、刘哲、马志孝：《资源禀赋对区域可持续发展的影响研究》，《生态环境学报》2015 年第 2 期。
134. 袁国敏：《中国教育投入对经济增长贡献的测算》，《辽宁大学学报》（自然科学版）2003 年第 1 期。
135. 岳昌君：《中国高等教育财政投入的国际比较研究》，《比较教育研究》2010 年第 1 期。
136. 张楚廷：《评布鲁贝克的“中心论”》，《高等教育研究》2013 年第 3 期。
137. 张传彪：《试谈共轭搭配法及其汉译处理》，《外语研究》1988 年第 4 期。
138. 张宏乔、田中政、李明霞：《旅游资源的共轭开发构思》，《河南教育学院学报》（自然科学版）2008 年第 4 期。
139. 张洪志：《道德论：高等教育哲学发展的新阶段》，《石油教育》2005 年第 2 期。
140. 张仁汉：《人才集聚效应：文化创意产业发展的新引擎》，《浙江经济》2013 年第 9 期。
141. 张体勤、刘军、杨明海：《知识型组织的人才集聚效应与集聚战略》，《理论学刊》2005 年第 6 期。
142. 张同全：《人才集聚效应评价指标体系研究》，《现代管理科学》2008 年第 8 期。
143. 张元：《自我认知的实现路径》，《宁夏社会科学》2013 年第 5 期。
144. 赵善庆：《我国高校学杂费标准的合理取向及实现途径》，《江苏高教》2012 年第 1 期。

145. 赵树宽、余海晴、刘战礼：《高等教育投入与经济增长关系的理论模型及实证研究》，《中国高教研究》2011 年第 9 期。

146. 郑丽琴：《高等教育经费投入对经济增长的驱动力影响实证研究——基于西北五省数据的 LMDI 分解》，《数学的实践与认识》2014 年第 4 期。

147. 周光迅：《高等教育哲学的逻辑起点》，《高等教育研究》2006 年第 12 期。

148. 周黄正蜜：《论康德的普通认识能力》，《世界哲学》2014 年第 4 期。

149. 朱浩：《从线性到非线性：我国大学管理思维的延伸》，《理工高教研究》2009 年第 8 期。

150. 白春礼：《世界正处在新科技革命前夜》，《光明日报》2013 年 1 月 21 日第 5 版。

151. 张姚俊：《启发民智教育救国——马相伯创办震旦学院与复旦公学始末》，《中国档案报》2013 年 4 月 15 日第 3 版。

152. 《国家中长期教育改革和发展规划纲要（2010—2020 年）》，http：//www. moe. edu. cn/publicfiles/business/htmlfiles/moe/moe _ 838/201008/93704. html，2015 年 11 月 20 日。

153. 《国家中长期人才发展规划纲要（2010—2020 年）》，http：//news. xinhuanet. com/politics/2010 - 06/06/c _ 12188202 _ 2. htm，2013 年 12 月 1 日。

154. 《国务院关于建立健全普通本科高校高等职业学校和中等职业学校家庭经济困难学生资助政策体系的意见》（国发〔2007〕13 号），http：//www. gov. cn/zwgk/2007 - 05/23/content _ 623615. htm，2013 年 12 月 1 日。

155. 《中华人民共和国高等教育法》，http：//www. moe. edu. cn/publicfiles/business/htmlfiles/moe/moe_ 619/200407/1311. html，2014 年 12 月 1 日。

156. 人民网：《胡锦涛在中国共产党第十八次全国代表大会上的报告》，

http：//cpc. people. com. cn/n/2012/1118/c64094 - 19612151 - 6. html，2012 年 11 月 18 日。
157. 中国校友会网：《2014 中国大学校友捐赠排行榜 100 强揭晓，清华校友豪捐 13 亿排名第一》，http：//www. cuaa. net/cur/2014/16，2013 年 12 月 30 日。
158. 中华人民共和国国家统计局：《统计指标解释》，http：//www. stats. gov. cn/tjsj/zbjs/201310/t20131029 _ 449523. html，2013 年 6 月 1 日。
159. 中华人民共和国统计局：《国家数据：民办高校数、民办独立学院数、民办高校在校生数》，http：//data. stats. gov. cn/workspace/index? m = hgnd，2013 年 6 月 1 日。
160. 中华人民共和国统计局：《统计数据指标解释》，http：//www. stats. gov. cn/tjsj/zbjs/201310/t20131029 _ 449419. html，2013 年 12 月 1 日。
161. 陈霞：《高等教育投入与经济发展协调关系的研究》，博士学位论文，新疆大学，2011 年。
162. 丁磊：《国家形象及其对国家间行为的影响》，博士学位论文，南开大学，2009 年。
163. 郭莉：《当代中国大学学术权力与行政权力的共轭机理研究》，博士学位论文，中国矿业大学，2013 年。
164. 胡双梅：《四川省教育投资对经济增长贡献研究》，硕士学位论文，西南交通大学，2005 年。
165. 敬璐：《信息传播价值与信息传播选择》，硕士学位论文，新疆大学，2008 年。
166. 黎明华：《共轭效应原理在篮球普修术科教学中的运用研究》，硕士学位论文，湖南师范大学，2006 年。
167. 李月芬：《吉林西部草原生态环境评价及其专家系统研究》，博士学位论文，吉林大学，2004 年。
168. 刘林：《高等教育对江苏经济增长率贡献的研究》，硕士学位论文，苏州大学，2006 年。

169. 马立恒：《区域人才集聚的影响因素与政府人才政策——基于吴中经济开发区的实证研究》，硕士学位论文，苏州大学，2010 年。

170. 孙淑军：《人力资本与经济增长——以中国人力资本估计为基础的经验研究》，博士学位论文，辽宁大学，2012 年。

171. 王关义：《中国五大经济特区可持续发展战略研究》，博士学位论文，西北农林科技大学，2003 年。

172. 吴东方：《复杂性理论观照下的教育之思》，博士学位论文，陕西师范大学，2009 年。

173. 张洪志：《西方高等教育哲学的历史演变》，硕士学位论文，华中科技大学，2006 年。

174. 张继林：《共轭动力系统分析及其在高等教育专业结构管理中的应用》，博士学位论文，天津大学，2009 年。

175. 张西奎：《产业集群　人才集聚与人才引力实证研究》，硕士学位论文，华中科技大学，2006 年。

176. 张颖：《我国高等教育投入结构变化及其影响因素研究》，硕士学位论文，山东大学，2013 年。

（二）外文文献

1. Irving Fisher, *The Nature of Capital and Income*, USA: Martino Publishing, 2009.

2. Samuel Bowles, Herbert Gintis, *Schooling in Capitalist America: Educational Reform and the Contradictions of Economic Life*. USA: Routledge & Kegan Paul, Limited, 1976.

3. Abdul Jalil, Muhammad Idrees, "Modeling the impact of education on the economic growth: Evidence from aggregated and disaggregated time series data of Pakistan". *Economic Modelling*, Vol. 31, 2013, pp. 383 – 388.

4. Amparo Castelló – Climent, Ana Hidalgo – Cabrillana, "The role of educational quality and quantity in the process of economic development". *Economics of Education Review*, Vol. 31, No. 4, 2012,

pp. 391 – 409.

5. Guo Haixiang, Diao Fengqin, Zhu Kejun, Li Jinling, Xing Yanmin, "A new method of soft computing to estimate the economic contribution rate of education in China". *Applied Soft Computing*, Vol. 8, No. 1, 2008, pp. 499 – 506.

6. Han Suna, Haixiang Guo, Jinglu Huc, Kejun Zhua, "Comparative study on economic contribution rate of education of China and foreign countries based on soft computing method". *Applied Soft Computing*, Vol. 12, No. 8, 2012, pp. 2106 – 2113.

7. Jacob Mincer, "Investment in Human Capital and Personal Income Distribution". *Journal of Political Economy*, Vol. 66, No. 4, 1958, pp. 281 – 302.

8. K. Renuka Ganegodage, Alicia N. Rambaldi, "The impact of education investment on Sri Lankan economic growth". *Economics of Education Review*, Vol. 30, No. 6, 2011, pp. 1491 – 1502.

9. Kar – yiu Wong, Chong Kee Yip, "Education, economic growth, and brain drain". *Journal of Economic Dynamics and Control*, Vol. 23, 1999, pp. 699 – 726.

10. Kejun Zhu, Haixiang Guo, Fengqin Diao, Sixin Xu, "A better estimate to the contribution rate of education on economic growth in China from 1999 to 2003". *Expert Systems with Applications*, Vol. 34, No. 2, 2008, pp. 1371 – 1383.

11. Kejun Zhu, Shiwei Yu, Fengqin Diao, "Soft computing applications to estimate the quantitative contribution of education on economic growth". *Applied Mathematics and Computation*, Vol. 187, No. 2, 2007, pp. 1038 – 1055.

12. Lin Liu, Jianbo Li and Riquan Zhang, "General partially linear additive transformation model with right – censored data". *Journal of Applied Statistics*, Vol. 41, No. 10, 2014, pp. 2257 – 2269.

13. Michael Spence, "Job Market Signaling". *The Quarterly Journal of*

Economics, Vol. 87, No. 3, 1973, pp. 355 – 374.

14. Peter B. Doeringer, Michael J. Piore, *Internal Labor Markets and Manpower Analysis*. USA: M. E. Sharpe Inc., 1985, pp. 163 – 183.

15. Schultz, T. W., "Investment in Human Capital". *American Economic Review*, Vol. 51, No. 1, 1961, pp. 1 – 17.

致谢

2010年，有幸开始参加中国矿业大学博士生导师丁三青教授的博士沙龙，并被先生提出的、应用在教育研究领域的“共轭”思想所吸引。当时，我正在思考“区域直接的高等教育投入对经济增长的作用”。遇到“共轭”的感觉有着犹如久旱逢甘露的兴奋与畅快。2011年，我以“共轭”视角洞察“高等教育投入与人才集聚投入对区域经济增长的作用”，申报了教育部人文社会科学研究一般项目（青年）并获得批准，从此开始了聚焦于浩如烟海的文献与数据的专题研究时光。同年，我顺利地考入中国矿业大学管理学院攻读博士学位，有如神助地在这一选题上得到了更为专业和全面的指导。本书是我所主持教育部项目的最终成果，也是在我博士学位论文基础上修改而成的。整个过程得到了导师、领导、同门、同事、朋友和家人的鼎力支持和帮助。

感谢导师丁三青教授广博的学识与独到的观点，不断指引我驶向研究目标的彼岸。正是先生“共轭”思想的启发，才有了教育部项目和博士论文的选题。感谢先生无限的耐心与不尽的关爱，不断给予我完成研究目标的力量。由于本人理科思维重，人文功底薄，先生严格要求我尽最大努力地扩大阅读量，改变研究的工具理性主导倾向为价值理性与工具理性的“共轭”。刚开始对先生的教导还有着不解与不服，但随着阅读量的不断增加，越来越发现自己学术研究上的缺陷与不足。研究过程中，大量的苦读让我的思路越来越清晰，也慢慢可以驾驭选题了。先生一边鼓励我继续补课，一边耐心指导我研究创作。本书从选题、撰写、修改到定稿都凝结着先生大量的思想和心血。如果说本书有一点创新和成就的话，皆因先生的悉心指导所致。

感谢中国矿业大学管理学院科技与教育管理专业导师组成员罗

承选教授、邹放鸣教授、周敏教授、张万红教授等对我全面、耐心的教导。他们严谨的治学态度、深厚的理论功底让我开阔了视野、丰富了知识、夯实了基础。

感谢江苏师范大学岑红教授、郑元林教授、蔡国春教授、苗正科教授、张文德教授、胡仁东教授、沈正平教授、马晓冬教授、张欣博士、赵俊岩博士、朱景坤博士、李建波博士、周勤博士、丁文莉博士，感谢苏州大学崔玉平教授，感谢中国矿业大学龙如银教授、张阳博士，感谢上海交通大学朱爱林博士（后），感谢南京大学宗晓华博士，感谢徐州医学院姜琴老师等在研究过程中的关心与支持，以及毫无保留的建议与帮助。

感谢同门郭莉、张元、徐碧鸿、徐海波、黄美蓉、张宗海、张占平、冯遵永、王逢博等在我学业上的鼓励与帮助，每一次沙龙的争论都让我受益颇深。

感谢同门徐媛媛，我的研究生陈璐、徐亚男和我一起反复校对书稿。

感谢江苏师范大学科技与产业部全体同仁，特别是乔亏老师、孙传红老师、巩岩老师等对我工作的分担，让我有了充足的时间来完成本书的创作。

感谢中国社会科学出版社卢小生老师，他的热心指导和辛勤付出让这本书得以更早地出版。

感谢教育部对该选题的资助，感谢江苏师范大学哲学社会科学优秀学术著作出版基金对本书出版的资助。

最后，感谢家人对我的全力支持和鼓励。在我研究受阻，情绪消沉的时候，他们都会用全部的爱给我一个温暖的港湾，让我得以安慰并能够继续前行。其间，陪他们的时间实在是太少了，就用这本书作为礼物表达歉意和感激之情吧。

刘林

2015 年 12 月 12 日于江苏师范大学泉山校区